AFTER HO

FOR SOLO PIANO

BOOK 2

PAM WEDGWOOD

© 2001 by Faber Music Ltd
First published in 2001 by Faber Music Ltd
Bloomsbury House 74–77 Great Russell Street London WC1B 3DA
Cover by Velladesign
Piano provided courtesy of J Reid Pianos
Printed in England by Caligraving Ltd

ISBN10: 0-571-52111-8
EAN13: 978-0-571-52111-1

To buy Faber Music publications or to find out about the full range of titles available
please contact your local music retailer or Faber Music sales enquiries:

Faber Music Limited, Burnt Mill, Elizabeth Way, Harlow, CM20 2HX England
Tel: +44 (0)1279 82 89 82   Fax: +44 (0)1279 82 89 83
sales@fabermusic.com   fabermusic.com

CONTENTS

DREAMBOAT

Pam Wedgwood

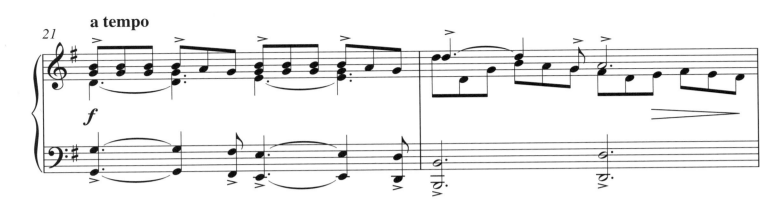

for Daniel Brett

KEY WEST

NO REGRETS

LIVING IN THE FAST LANE

With a strong beat ♩ = 72

CRAZY DAYS

THE MAN WITH THE CROOKED STICK

He sits for hours on that seat over there.
The man with a crooked stick and an open stare.
His life has gone, he wants the answer.
He stares and stares and wonders why.

PUNCHLINE

With lots of punch! ♩ = 120

AQUARIUS

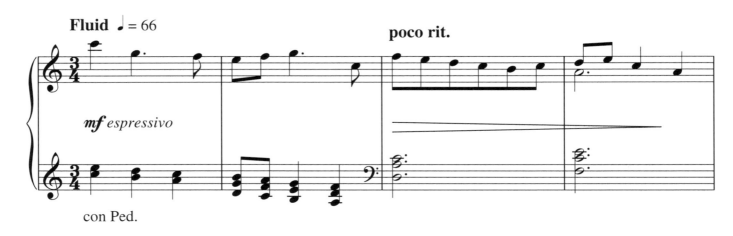

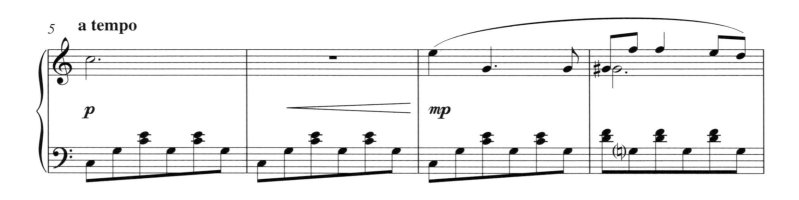

CIRCLES

SUMMER NIGHTS

SERVICIO INTERNACIONAL DE EVALUACIÓN DE LA LENGUA ESPAÑOLA

INTRODUCCIÓN

El *Manual oficial del SIELE* tiene como objetivo ayudarle en su preparación para el examen SIELE.

Para ello, el *Manual oficial del SIELE*:

▶ presenta cómo es el examen y cada una de sus pruebas;
▶ da consejos y estrategias para hacer las tareas del examen;
▶ propone diferentes actividades y modelos de tareas de examen;
▶ muestra cómo funciona el portal SIELE.

En esta introducción va a encontrar información sobre:

▶ cómo es el *Manual oficial del SIELE*;
▶ cuáles son los contenidos y objetivos del manual;
▶ cómo se organizan las páginas de sus unidades.

MANUAL OFICIAL DEL SIELE

El **SIELE** es el **S**ervicio **I**nternacional de **E**valuación de la **L**engua **E**spañola que certifica, tras la realización de un examen a través de medios electrónicos, el nivel de dominio del español de estudiantes y profesionales de todo el mundo.

El *Manual oficial para la preparación del SIELE* tiene como objetivo facilitarle la preparación del examen. Esta edición cuenta con una amplia variedad de actividades y tareas cuya finalidad, por un lado, es que los candidatos conozcan en profundidad el examen y las dinámicas de cada una de las tareas que lo conforman y, por otro, prepararlos mediante la realización de modelos reales del examen para que puedan afrontarlo con eficacia. También hay disponible una edición para preparadores que se concibe como una guía didáctica y que incluye, también, todos los materiales destinados a los candidatos.

¿Qué es el *Manual oficial para la preparación del SIELE*?

Se trata de un manual en el que se encuentran las características del examen y del proceso de inscripción, así como actividades, modelos de examen, consejos y estrategias para hacer con éxito las tareas.

¿Qué no es?

El manual no es un libro para aprender o enseñar español. Aunque al hacer las actividades se van a trabajar distintos aspectos del idioma, su objetivo principal no es la enseñanza de este.

El *Manual oficial para la preparación del SIELE (edición para candidatos)* se divide en tres bloques que, paso a paso, dirigen a los candidatos en todo el proceso que van a seguir hasta la realización del examen. La estructura del manual es la siguiente:

LAS TRANSCRIPCIONES Y SOLUCIONES ESTÁN EN LA EXTENSIÓN DIGITAL.

Al trabajar con el bloque II, *Prepárese para el SIELE*, debe tener en cuenta los siguientes puntos:

- Cada prueba del examen se identifica con un color:

  Comprensión de lectura

  Comprensión auditiva

  Expresión e interacción escritas

  Expresión e interacción orales

- En cada página se hace referencia a la prueba y a la tarea que se está trabajando.

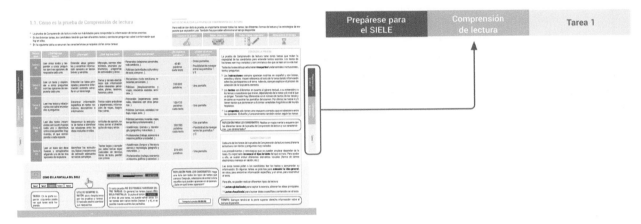

- Cada unidad contiene:

  la descripción de la pantalla del examen SIELE;

  información sobre cómo hacer las pruebas;

  y actividades para practicar.

- Para activar la extensión digital:

  – Primero debe crear un usuario en la página principal de SIELE: https://siele.org/portallogin.

  – Una vez creado y validado el usuario, acceda a la Extensión digital del manual en www.siele.org/manualsiele.

  – Introduzca el código de activación. Este código es único para cada ejemplar del manual y solo permite activar el acceso a la Extensión digital una sola vez. La activación va a estar vigente únicamente para el usuario inscrito durante 18 meses desde el momento en que introduzca el código.

  – Para acceder a la Extensión digital, familiarizarse con la plataforma y su funcionamiento y ejercitarse con las distintas tareas y pruebas del examen SIELE, tiene que entrar en la opción «MI PERFIL» en https://siele.org/ o, directamente, desde https://siele.org/web/guest/mi-pagina

  – El código, además, permite activar el eBook del manual para poder trabajar con él en cualquier dispositivo.

¿CÓMO SON LAS UNIDADES DEL BLOQUE II?

Cada unidad comienza con una sección sobre **cómo es la prueba** del SIELE y cuáles son sus características principales. Esta sección no tiene soluciones.

Cada tarea del examen SIELE se prepara en dos pasos:

En "Cómo se resuelve" va a encontrar tareas SIELE resueltas, actividades para practicar y consejos para resolverlas mejor.

En "Manos a la obra" puede resolver tareas de examen poniendo en práctica lo aprendido.

En "Dé el salto" puede hacer una prueba completa en la Extensión digital del manual y reflexionar sobre el aprendizaje.

En cada una de las secciones de la Extensión digital, puede...

- escuchar los audios de las pruebas;
- contestar a las preguntas;
- revisar sus respuestas y comprobar sus aciertos en las pruebas de CL y CA;
- repetir las pruebas todas las veces necesarias.

En las pruebas de Expresión e interacción escritas y orales va a encontrar, además, información sobre "cómo se califica" cada tarea, sobre "cómo prepararse para obtener un nivel determinado en la EIE del SIELE" y "cómo prepararse para obtener un nivel determinado en la EIO del SIELE".

SERVICIO
INTERNACIONAL
DE EVALUACIÓN
DE LA LENGUA
ESPAÑOLA

BLOQUE I
EL EXAMEN SIELE

SIELE (Servicio Internacional de Evaluación de Lengua Española) es un examen para certificar el nivel de dominio de la lengua española. Se caracteriza por ser un examen multinivel, panhispánico y digital.

En este bloque va a encontrar información sobre:

▶ las características del SIELE;
▶ las modalidades de examen;
▶ el proceso de inscripción;
▶ los niveles en el SIELE;
▶ y el certificado.

A. CÓMO ES EL SIELE

Digital
El examen se realiza íntegramente por ordenador:
- En un centro autorizado por SIELE: usted debe acudir presencialmente al centro de examen en el que ha hecho la reserva.
- En remoto: usted hace el examen con su propio ordenador en su sitio y el centro de examen supervisa en línea y en tiempo real su correcta realización.

La inscripción y el resto de gestiones también se realizan electrónicamente.

Multinivel
El examen certifica el nivel de español entre los niveles A1 y C1 del *Marco común europeo de referencia para las lenguas: aprendizaje, enseñanza y evaluación (MCER)*.

Adaptable
El SIELE cuenta con seis modalidades de examen que combinan las distintas pruebas: Comprensión de lectura, Comprensión auditiva, Expresión e interacción escritas y Expresión e interacción orales.

Panhispánico
Incorpora diferentes variedades lingüísticas del español.

Flexible
No existen convocatorias. Cada centro de examen publica sus propias fechas, por lo que usted puede elegir dónde y cuándo certificar su nivel de español entre múltiples opciones.

Ágil
En un plazo máximo de 3 semanas recibe su informe o certificado SIELE.

Reconocido mundialmente
El SIELE ha sido creado por el Instituto Cervantes, la Universidad Nacional Autónoma de México, la Universidad de Salamanca y la Universidad de Buenos Aires. Además, cuenta con el respaldo de más de 75 Universidades Asociadas, presentes en los 22 países de Iberoamérica, Canadá, China y Corea del Sur, que están implicadas activamente en el desarrollo del SIELE.

LAS MODALIDADES DE EXAMEN

▶ SIELE Global
Es el examen más completo para certificar su dominio del español.
Se trata de un único examen multinivel que permite obtener el Certificado SIELE, un documento que incluye una puntuación de 0 a 1000, resultado de la suma de la puntuación de cada una de las cuatro pruebas, y relacionada con los niveles del *MCER*.
La duración del examen Global es de 3 horas aproximadamente.

 +  **+** **+**

COMPRENSIÓN DE LECTURA   COMPRENSIÓN AUDITIVA   EXPRESIÓN E INTERACCIÓN ESCRITAS   EXPRESIÓN E INTERACCIÓN ORALES

▶ Modalidades independientes

Son otras cinco modalidades de examen basadas en la combinación de las distintas pruebas.
Cualquiera de estas cinco modalidades independientes permite obtener un Informe SIELE con la puntuación obtenida en cada prueba y su vinculación con los niveles del *MCER*.

S1	S2	S3	S4	S5
COMPRENSIÓN DE LECTURA	COMPRENSIÓN DE LECTURA	COMPRENSIÓN AUDITIVA	EXPRESIÓN E INTERACCIÓN ORALES	EXPRESIÓN E INTERACCIÓN ESCRITAS
+	+	+		+
COMPRENSIÓN AUDITIVA	EXPRESIÓN E INTERACCIÓN ESCRITAS	EXPRESIÓN E INTERACCIÓN ORALES		EXPRESIÓN E INTERACCIÓN ORALES

Duración: 60 min + 55 min	Duración: 60 min + 50 min	Duración: 55 min + 15-20 min	Duración: 15-20 min	Duración: 50 min + 15-20 min

REFLEXIÓN
¿Qué modalidad de examen le conviene?

LOS NIVELES EN EL SIELE

En el examen SIELE las tareas van aumentando su grado de dificultad progresivamente, de ahí que se defina como un **examen multinivel** que permite situarle en uno de los cinco niveles que considera la prueba: desde A1 a C1.

Estas son las tareas del SIELE organizadas por niveles. Tenga en cuenta que algunas tareas evalúan uno o varios niveles:

	COMPRENSIÓN DE LECTURA	COMPRENSIÓN AUDITIVA	EXPRESIÓN E INTERACCIÓN ESCRITAS	EXPRESIÓN E INTERACCIÓN ORALES
A1	Tarea 1	Tarea 1		Tarea 1
A2	Tarea 2	Tarea 2	Tarea 1	Tarea 2
B1	Tarea 3	Tarea 3		Tarea 3
B2	Tarea 4	Tarea 4		Tarea 4
		Tarea 5	Tarea 2	
C1	Tarea 5	Tarea 6		Tarea 5

REFLEXIÓN

Teniendo en cuenta su nivel de español, ¿qué tareas cree que puede resolver sin problemas? Piense que para alcanzar un nivel en el SIELE debe responder adecuadamente a todas las tareas hasta ese nivel. Le recomendamos, además, hacer tareas de niveles superiores.

B. ANTES DEL EXAMEN

MATERIALES PARA LA PREPARACIÓN DEL EXAMEN

Además del *Manual oficial del SIELE* existen otros materiales que pueden ser útiles para preparar el examen SIELE. Entre otros:

- la *Guía del candidato SIELE*, que contiene información sobre el examen;
- la demo del examen que puede hacer prueba a prueba;
- el curso *Objetivo SIELE*, con el que puede familiarizarse con las tareas y practicar cada prueba;
- el *Curso para preparadores de SIELE*, con el que los profesionales de la enseñanza de español pueden conocer en profundidad el examen SIELE y formar con garantías a sus alumnos;
- el *MOOC para candidatos del SIELE*, que le permite conocer la utilidad del examen, familiarizarse con las distintas pruebas y tareas que lo componen, y aprender cómo se aplica el sistema de calificación.

No olvide consultar regularmente la página siele.org.

EL PROCESO DE INSCRIPCIÓN

La inscripción para el examen SIELE se hace en línea desde la página siele.org y usted puede elegir la modalidad de examen y la fecha.
Debe hacer el pago mediante tarjeta de crédito en la misma web. Después va a recibir la confirmación en su correo electrónico.

En un centro autorizado por SIELE. Elija el país, la ciudad y el centro donde prefiere hacer el examen.

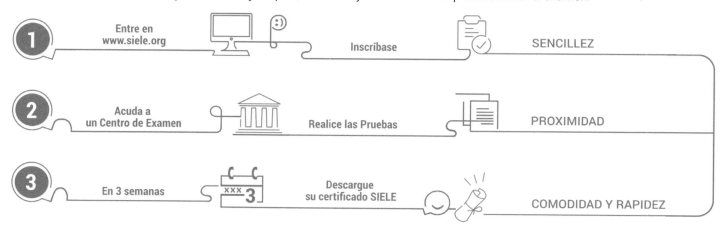

En remoto. Haga el examen con su propio ordenador en su sitio.

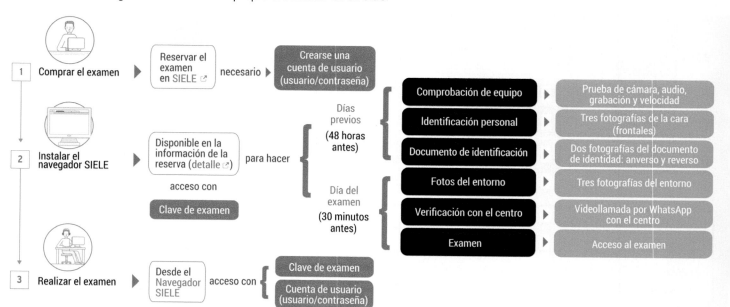

C. EL DÍA DEL EXAMEN

CONSEJOS PARA EL DÍA DEL EXAMEN

- Intente dormir 8 horas la noche antes del examen. El descanso le va a permitir tener la mente despejada para hacer las tareas.
- Desayune o coma antes del examen. Puede ayudarle a estar más concentrado.
- Si quiere, lleve una botella de agua al examen. Recuerde que la modalidad más larga dura 3 horas sin contar con el descanso.
- Si se presenta en un centro de examen, asegúrese de saber dónde está y llegue con 15 minutos de antelación. Si hace el examen en remoto, tenga listo su ordenador con cámara y conexión a internet, localice una habitación o sala tranquila y tenga a mano su teléfono móvil.
- Lleve el **documento oficial de identificación** con el que se ha inscrito. Sin él no va a poder hacer el examen.
- Para hacer el examen necesita el correo electrónico de la inscripción y la contraseña que ha recibido.

D. DESPUÉS DEL EXAMEN

EL CERTIFICADO

Después de hacer la modalidad SIELE Global obtiene un **certificado** de las calificaciones y niveles alcanzados en cada una de las pruebas y, además, una puntuación global (0-1000). Si elige alguna de las otras modalidades de examen (S1, S2, S3, S4 o S5), va a recibir un **informe** con las calificaciones y niveles obtenidos en las pruebas correspondientes.

Tanto el certificado como el informe están avalados por las cuatro instituciones titulares de SIELE: Instituto Cervantes, Universidad Nacional Autónoma de México, Universidad de Salamanca y Universidad de Buenos Aires; y tienen una **validez internacional de cinco años**.

¿Cuándo?

En un plazo máximo de tres semanas después de la realización del examen puede descargar desde "Mi página", en la página web de SIELE, su certificado o informe. Además, puede consultarlo o imprimirlo en cualquier momento.

Tanto el certificado como el informe cuentan con un sistema de código de verificación. Es posible comprobar su autenticidad desde cualquier lugar y en cualquier momento, a través de la página web de SIELE.

siele

SERVICIO
INTERNACIONAL
DE EVALUACIÓN
DE LA LENGUA
ESPAÑOLA

BLOQUE II
PREPÁRESE PARA EL SIELE

Este bloque ayuda a conocer las distintas pruebas del examen **SIELE**.

En este bloque va a encontrar información sobre:
- cada una de las pruebas del SIELE;
- las tareas que componen cada prueba;
- actividades para practicar antes del examen;
- y detalles sobre el proceso de calificación.

CÓMO SON LAS PRUEBAS DEL SIELE

Este bloque tiene cuatro unidades. En cada una va a trabajar una de las pruebas que componen el examen SIELE.

Unidad 1:   **Unidad 2:**   **Unidad 3:**   **Unidad 4:**

COMPRENSIÓN DE LECTURA + COMPRENSIÓN AUDITIVA + EXPRESIÓN E INTERACCIÓN ESCRITAS + EXPRESIÓN E INTERACCIÓN ORALES

En cada unidad va a encontrar información sobre las características principales de las tareas que forman cada prueba y explicaciones sobre cómo se ve el examen en la pantalla del ordenador.

Tarea y nivel	¿Qué hay que hacer?	¿Para qué?	¿Qué hay que leer?	¿Sobre qué temas?	¿De cuántas palabras?	¿Cómo se ve en pantalla?

CÓMO ES LA PANTALLA DEL SIELE

Las unidades tienen apartados y secciones para explicar cada tarea según la información a la que se hace referencia:

● cómo son las instrucciones, los textos o audios que va a encontrar y cómo debe responder;

● cómo tiene que resolver la tarea;

● en las pruebas de Expresión e interacción escritas y orales hay información sobre la calificación de las tareas y algunos informes de calificación de pruebas realizadas por otros candidatos;

● y, para terminar, va a poder hacer una tarea de examen para poner en práctica lo aprendido.

En las pruebas de Expresión e interacción escritas y orales va a encontrar información sobre cómo prepararse para obtener un nivel determinado en el SIELE.

Al final de cada unidad, en la sección "Dé el salto", puede practicar con las tareas de una de las pruebas del examen (CL, CA, EIE o EIO) en la Extensión digital del manual y reflexionar sobre cómo las ha hecho.

UNIDAD 1
LA PRUEBA DE COMPRENSIÓN DE LECTURA

La prueba de Comprensión de lectura está formada por **cinco tareas** y un total de **38 preguntas**.

Es importante conocer la estructura de la prueba, qué tareas la componen y qué tiene que hacer en cada tarea.

En esta unidad va a conocer:

▶ cómo es **la prueba** en general;
▶ cómo es cada una de **las tareas**.

Va a aprender cómo son las tareas, cómo se resuelven y va a practicar cada una de ellas.

Al final de la unidad, hay **una prueba completa** de Comprensión de lectura.

1.1. Cómo es la prueba de Comprensión de lectura

- La prueba de Comprensión de lectura mide sus habilidades para comprender la información de textos escritos.
- En las distintas tareas, tiene que leer diferentes textos y contestar preguntas sobre la información que hay en ellos.
- En la siguiente tabla se resumen las características principales de las cinco tareas:

	DURACIÓN	NIVEL	ÍTEMS	TEXTOS
Tarea 1		A1	5	5 textos de 40-80 palabras
Tarea 2		A2	5	1 texto de 250-300 palabras
Tarea 3	60 minutos	B1	8	3 textos de 100-120 palabras
Tarea 4		B2	8	1 texto de 230-280 palabras
Tarea 5		C1	12	1 texto de 375-425 palabras

ANTES DE REALIZAR LA PRUEBA

Para hacer con éxito la prueba, debe saber cómo responder y administrar bien el tiempo disponible.

 CÓMO ES LA PANTALLA DEL SIELE

| Tarea 1 | Tarea 2 | Tarea 3 | Tarea 4 | Tarea 5 |

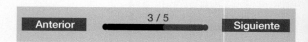

3 / 5
Anterior   Siguiente

TAREA: En la parte superior izquierda puede ver qué tarea está haciendo.

UTILICE SIEMPRE EL RATÓN para desplazarse por las pruebas y tareas. El teclado podría cambiar sus respuestas.

En esta prueba **NO PUEDE NAVEGAR ENTRE TAREAS**. En general, las tareas tienen **UNA SOLA PANTALLA**. Si pulsa el botón Siguiente al final de una tarea, no puede volver atrás.
En las tareas con varios textos (tareas 1 y 4), sí puede moverse entre las pantallas.

SABER CÓMO RESPONDER

Las tareas de la prueba de Comprensión de lectura contienen **38 preguntas en total**:

- las tareas 1 y 2: cinco preguntas;
- las tareas 3 y 4: ocho preguntas;
- la Tarea 5: doce preguntas.

Las preguntas tienen solo una respuesta correcta que debe elegir seleccionando la opción correcta entre varias posibles. Toda la información para responder correctamente está en los textos.

Dentro de una tarea, no es necesario seguir el orden de las preguntas, puede contestar primero a las más sencillas y dejar para el final las que tienen mayor dificultad.

Las respuestas incorrectas no quitan puntos.

ADMINISTRAR EL TIEMPO

Para hacer la prueba de Comprensión de lectura dispone de un **tiempo máximo de 60 minutos** para las cinco tareas.

El tiempo comienza automáticamente al iniciar la prueba. La información del tiempo transcurrido está siempre visible en la parte superior derecha de la pantalla.

Tiempo de la prueba **00:60:00**

REFLEXIÓN: ¿CÓMO DIVIDIR SU TIEMPO?

Puede prever cuántas tareas del examen va a completar según el nivel que tiene o el que espera conseguir. Después, puede calcular cuánto tiempo va a dedicar a cada tarea.

Tarea 1	Tarea 2	Tarea 3	Tarea 4	Tarea 5	Total
					60 min

1.2. La Tarea 1 de CL
1.2.1. La Tarea 1 de CL: cómo es

En la Tarea 1 de la prueba de Comprensión de lectura tiene que leer cinco textos y responder a cinco preguntas con tres opciones de respuesta cada una.

Comprensión de lectura

| Tarea 1 | Tarea 2 | Tarea 3 | Tarea 4 | Tarea 5 |

INSTRUCCIONES: En esta tarea las instrucciones siempre son iguales.

Usted va a leer cinco textos breves. Elija la opción correcta para cada una de las cinco preguntas.

Queridos compañeros:
Vendo un billete de tren a Barcelona con ida el viernes 26 de junio y vuelta el domingo 28. El de ida sale de la estación de Madrid a las 19:00 y llega a Barcelona a las 21:30. El de vuelta sale a las 21:00 y llega a las 23:30. Lo vendo porque al final esos días trabajo. Cuestan 80 €, más barato que en la estación.
Gracias.
Juan

TEXTOS: Los diferentes tipos de textos tienen sus elementos típicos (por ejemplo: título, saludo, despedida, firma, etc.).

5. Juan dice en su mensaje que...

○ tiene billetes de tren baratos.

○ no puede viajar ese fin de semana.

○ quiere ir a Barcelona con un compañero.

RESPUESTA: Tiene que elegir la respuesta correcta entre las tres opciones. Solo hay una respuesta correcta.

| Anterior | 5 / 5 | Siguiente |

La Tarea 1 tiene cinco pantallas y en cada una hay un texto con su pregunta. Puede ir hacia adelante y hacia atrás entre los textos (de la pantalla 1 a la 5).

¡ATENCIÓN! Si pulsa Siguiente en el último texto (pantalla 5), sale de la tarea y no puede volver a ella.

Los **textos de la Tarea 1** pueden ser:

▶ mensajes y correos electrónicos;

▶ artículos breves de revistas o periódicos;

▶ folletos y anuncios publicitarios;

▶ convocatorias;

▶ blogs y foros;

▶ avisos y programas de actividades.

Los **temas** de los textos pueden ser:

▶ personales (relaciones personales, vida cotidiana...);

▶ públicos (actividades culturales y de ocio, compras...).

Las **preguntas de la Tarea 1** son:

▶ sobre la idea general del texto (participantes, finalidad);

▶ sobre información más concreta (horas, fechas, datos).

1.2.2. La Tarea 1 de CL: cómo se resuelve

Lo primero que tiene que hacer es **leer las instrucciones** y estar seguro de comprender lo que dicen.

> Usted va a leer cinco textos breves. Elija la opción correcta para cada una de las cinco preguntas.

Soluciones: pág. 2
en la Extensión digital

 ACTIVIDAD 1

Mire los cinco textos del modelo de la Tarea 1, ¿sabe qué tipo de texto es cada uno? Escriba para cada uno el tipo de texto: correo electrónico, anuncio publicitario o programa de actividades.

Texto 1	Texto 2	Texto 3	Texto 4	Texto 5

Prepárese para el SIELE

Comprensión de lectura

Tarea 1

ACTIVIDAD 2

Lea los textos y las preguntas de la Tarea1.

¿Sabe por qué las respuestas correctas son las marcadas? La información para elegir la respuesta correcta está siempre en los textos. Busque y subraye en los textos (como en el ejemplo del texto 1) las palabras relacionadas con cada respuesta correcta:

1. domingo

2. el cine

3. garaje para los coches

4. viajar al campo el domingo

5. alquilar habitaciones

Soluciones: pág. 2
en la Extensión digital

Texto 1

ACTIVIDADES PARA EL FIN DE SEMANA

Viernes: 10-20 horas: exposición de fotos. Biblioteca Machado
        17 horas: película para niños. Parque Picasso
        19 horas: teatro. Plaza del Agua

Sábado: 12 horas: fiesta del pescado. Mercado Central
        16 horas: juegos para niños. Colegio Santiago
        18 horas: concierto de la cantante Blanca Villa. Iglesia de San Martín

Domingo: 11 horas: fútbol, tenis, baloncesto para niños. Instituto Lorca
        17 horas: circo Alegría. Plaza del Río
        20 horas: ¡Todos a cenar!: tortilla, paella y más.

Texto 2

¿Tienes entre 18 y 30 años? ¿Te gusta el teatro, el cine...? ¿Hablas inglés, francés o alemán?
¿Eres simpático/a, sociable y quieres hacer nuevos amigos?
El director de televisión Álvaro Tejada quiere jóvenes para su primera película y va a estar
en Madrid el sábado, 5 de mayo, a las 18 horas en el centro comercial La Vega.
Más información en www.programa/a.tejeda.com

Texto 3

HOTEL SOL
A 100 metros de la playa y a 10 minutos a pie del centro de la ciudad.
450 habitaciones dobles o individuales con baño y aire acondicionado.
Aparcamiento.
Autobús del aeropuerto al hotel.
Juegos y actividades para niños.
Horario del restaurante: de 8 de la mañana a 11 de la noche.
Más información en tu oficina de turismo o internet. www.hotelessol.com

Texto 4

Hola, Carmen:
Escucho en la radio que el domingo va a hacer sol. ¡Nos vamos al campo! Hay un lugar muy bonito cerca de las montañas de Gredos para correr y nadar en el río. Después comemos en el bar del pueblo o compramos algo para comer y beber en un supermercado. ¿Quieres ir en coche o vamos en autobús?
Hablamos.
Julián

Texto 5

Soy Martina y este año vivo fuera de la ciudad. Tengo un apartamento en el centro con dos habitaciones para estudiantes (chicos y chicas) universitarios. La casa tiene cocina y salón grande con terraza y dos dormitorios. Está en un primer piso con ascensor. A cinco minutos de la parada de metro a la Universidad y a diez minutos a pie del mercado. 200 euros al mes por habitación.
Mi teléfono es el 665449323. Correo electrónico: martinatt@gmail.com

▶ Primero, lea las **instrucciones**. ¿Sabe qué tiene que hacer en esta tarea?.

▶ Para empezar a leer un texto es útil saber qué **tipo de texto** va a leer porque le va a ayudar a tener una idea sobre la información que aparece en el texto y en las preguntas. ¿Puede decir qué tipo de texto es?

▶ Lea el texto para para tener una **idea general** de lo que dice.

▶ A continuación, lea la pregunta y las tres opciones de respuesta. ¿Entiende sus palabras? Es importante comprender la información. Busque las **palabras clave** de cada pregunta o respuesta.

▶ Hay preguntas sobre información general, por ejemplo, el objetivo del texto, y también preguntas sobre información más concreta, por ejemplo, datos concretos de horas y fechas.

▶ ¿Sabe dónde buscar la respuesta? Recuerde que solo hay una opción correcta y la información para encontrarla siempre está en el texto. Por ello, debe volver a leerlo para comprobar qué dice.

▶ Recuerde que todas las opciones de respuesta pueden parecer correctas porque repiten palabras del texto. En caso de duda, puede buscar información en el texto para comprobar que las otras opciones son falsas.

Prepárese para el SIELE

Comprensión de lectura

Tarea 1

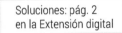

Soluciones: pág. 2
en la Extensión digital

1. Hay deporte para niños el...

○ viernes.
○ sábado.
● **domingo.**

2. Álvaro Tejada quiere jóvenes para trabajar en...

● **el cine.**
○ el extranjero.
○ el centro comercial.

3. El hotel Sol tiene...

○ transporte a la ciudad.
● **garaje para los coches.**
○ internet en las habitaciones.

4. Julián escribe a Carmen para...

● **viajar al campo el domingo.**
○ decir que está en Gredos.
○ ir al supermercado con ella.

5. En el texto se dice que Martina quiere...

○ compartir su casa.
● **alquilar habitaciones**.
○ vender el apartamento.

ACTIVIDAD 3

Los textos de la Tarea 1 normalmente dan información sobre temas como actividades, viajes, lugares... Aquí tiene algunos ejemplos de vocabulario típico en esta tarea. Escriba cada expresión en el lugar adecuado. ¿Sabe alguna más? ¡Atención! Algunas palabras pueden aparecer en varios temas.

un apartamento – los jóvenes – diez minutos –
el teatro – en coche – el fin de semana – la película –
turismo – alquiler – en el hotel – ascensor – el fútbol –
el domingo – un salón – amigos – un concierto –
por la mañana – a las 18 horas – metro – estudiantes –
en Madrid – el restaurante – los niños – dos dormitorios –
el extranjero – a pie – el centro de la ciudad – las chicas –
autobús – cerca de las montañas – aeropuerto

EXPRESIONES PARA HABLAR DE...		
el tiempo	el lugar	las personas
las actividades	la casa	el transporte

1.2.3. La Tarea 1 de CL: manos a la obra

Con lo aprendido en esta sección, responda a la Tarea 1 de CL del SIELE siguiendo las instrucciones.

1) Lea con atención las instrucciones.

2) Mire los elementos visuales que están alrededor del texto, ¿sabe qué tipo de texto es?

3) Lea una primera vez el texto para tener una idea general.

4) Lea las preguntas y las opciones de respuesta y busque las palabras clave.

5) Vuelva al texto y encuentre la información de la pregunta.

6) En caso de duda, puede buscar información en el texto para comprobar que las otras opciones son falsas.

Comprensión de lectura

Tarea 1	Tarea 2	Tarea 3	Tarea 4	Tarea 5

CORREO ELECTRÓNICO

Hola, Teresa:

Yo estoy muy bien en el instituto. En Matemáticas, tengo una profesora nueva. En Arte, el profesor es muy bueno y el libro es interesante. ¡Siempre quiero ir a esta clase! Solo tengo un problema: aprendo poco francés porque es muy difícil para mí. ¿Qué tal tú?
Adiós,
Cristina

1. A Cristina le gusta la clase de...

    a) Matemáticas.   b) Arte.   c) Francés.

"ANUNCIO"

Me llamo Juan Pérez Garrido. Soy director de la empresa de zapatos Zapatín. Queremos gente para vender en nuestra tienda del centro de Barcelona. Para información escribir a zapatin@gmx.com o venir a nuestra oficina central en Calle Montserrat, 3, junto al Restaurante Cielito Lindo.

2. El anuncio es para trabajar en...

    a) un restaurante.   b) una oficina.   c) una tienda.

CORREO ELECTRÓNICO

Hola, Juan:

El fax de la oficina está muy viejo, pero puedo trabajar con él. La computadora también es lenta, pero para escribir correos electrónicos está bien. ¿Es posible comprar un teléfono móvil? La tienda de al lado tiene precios muy buenos, ¿vamos y vemos?
Gracias,
Elena

3. ¿Qué quiere Elena?

    a) Un fax nuevo.   b) Una computadora rápida.   c) Un teléfono móvil.

"ANUNCIO"

Hola,

Me llamo Andrea, tengo 19 años y estudio Italiano en la Universidad. Quiero hablar con una chica de Italia. Leo y entiendo muy bien, pero escribo y hablo mal. También quiero practicar los ejercicios de clase para el examen final. Los miércoles a las 17 horas estoy en la biblioteca. Escribir a itandrea@cervantes.es.

4. El texto dice que Andrea...

    a) practica italiano con una italiana.   b) tiene un examen de italiano.   c) estudia italiano los miércoles.

ESCUELA SIRINX

Los jóvenes de la escuela Sirinx cantan para los estudiantes de Santa Catalina.
Para: niños y niñas de 5 y 6 años del colegio Santa Catalina y sus padres.
Lugar: salón Cielo del Museo de la ciudad.
Horario: jueves 27; de 17 a 19 horas.
Precio: 5 euros.

5. El texto habla de...

    a) unas clases de música.   b) una exposición.   c) un concierto.

Soluciones: pág. 3
en la Extensión digital

1.3. La Tarea 2 de CL
1.3.1. La Tarea 2 de CL: cómo es

En la Tarea 2 de la prueba de Comprensión de lectura tiene que leer un texto y responder a cinco preguntas con tres opciones de respuesta cada una.

Comprensión de lectura

> **INSTRUCCIONES:** En esta tarea hay una parte de las instrucciones que siempre cambia, porque dice quiénes son las personas del texto. Tiene que leerlas y estar seguro de entenderlas bien.

Tarea 1	Tarea 2	Tarea 3	Tarea 4	Tarea 5

Usted va a leer un correo que Isabel ha escrito a su amiga Sara. Elija la opción correcta para cada una de las cinco preguntas.

CORREO ELECTRÓNICO

Hola, Sara, ¿qué tal todo?

Perdona, ayer no te llamé para comer juntas porque me dolía mucho la cabeza. Pero por la tarde ya me sentí mejor y fui a dar un paseo por el centro. Por cierto, ¿sabes con quién me encontré? Con Eugenia, que salía del cine. Llevaba el vestido que le compramos para su cumpleaños y estaba guapísima. Me preguntó por ti y me dijo que está muy contenta porque ha empezado a trabajar en una tienda de decoración.

En el centro siempre me encuentro con gente conocida; hace dos días vi a tu hermano en una exposición. Me contó que lo pasó muy bien en el concierto de Maná, pero después leí en el periódico que empezó treinta minutos tarde. Decían que los músicos llegaron tarde y que la gente estaba bastante enfadada. Tienes que decirme qué pasó. Ya sabes que me encanta Maná y estuve triste por no poder ir.

Estaba muy ocupada con los exámenes. Sin embargo, la próxima semana quiero descansar, por eso voy a reservar una habitación en un hotel en la montaña. Está muy cerca de la casa donde pasaba los veranos con mis abuelos. ¿Te apetece venir? He visto que va a hacer buen tiempo, podemos pasear y montar en bici.

Si quieres, podemos vernos mañana y lo hablamos. Por la tarde tengo que ir a la biblioteca de la universidad que está cerca de tu oficina. Puedo verte en la cafetería que está enfrente de la biblioteca, esa donde ponen un café tan rico. Dime algo.

Un beso y hasta pronto,

Isabel

> **RESPUESTA:** Hay que elegir la respuesta correcta entre las tres opciones. Solo hay una respuesta correcta.

1. Isabel escribe este correo a Sara para...

○ comer con ella.　　○ invitarla a un viaje.　　○ hablarle de su nuevo trabajo.

2. En el texto se dice que ayer Isabel...

○ vio una película.　　○ salió de compras.　　○ estuvo con una amiga.

3. El día del concierto, el hermano de Sara...

○ llegó un poco tarde.　　○ estuvo muy contento.　　○ se enfadó con Isabel.

4. La próxima semana, Isabel...

○ quiere ir a un hotel.　　○ tiene que hacer exámenes.　　○ va de vacaciones con sus abuelos.

5. Isabel va a ver a Sara en...

○ su oficina.　　○ la biblioteca.　　○ una cafetería.

`Siguiente`

> **¡ATENCIÓN!** Si pulsa `Siguiente`, sale de la tarea y no puede volver a ella.

Los **textos de la Tarea 2** normalmente son cartas o correos electrónicos sobre temas personales o públicos.

En ellos, por ejemplo, la persona que escribe puede dar o pedir información sobre algo, contar anécdotas, proponer planes, etc.

Los **temas** de los textos pueden ser:

▶ personales (vida cotidiana, relaciones personales y familiares...);

▶ públicos (desplazamientos y viajes, relaciones sociales, servicios...).

Las **preguntas de la Tarea 2** son:

▶ sobre la idea general del texto (participantes, finalidad);

▶ sobre información más concreta (horas, fechas, datos).

1.3.2. La Tarea 2 de CL: cómo se resuelve

Lo primero que tiene que hacer es **leer las instrucciones** y estar seguro de comprender lo que dicen.

Usted va a leer un correo que Paula ha escrito a su amigo Carlos. Elija la opción correcta para cada una de las cinco preguntas.

CORREO ELECTRÓNICO

1   ¡Hola, Carlos!

¿Qué tal estás? Yo estoy bien. Acabo de llegar de las fiestas del pueblo. Normalmente duran cinco días, pero este año han durado tres. Se hicieron en el parque y no en la plaza como todos los años. Lo pasamos muy bien: bailamos y nos reímos mucho. Tienes que venir el año que viene.

5   En la oficina va todo bien, pero estoy un poco cansada porque mi jefe está de vacaciones y yo tengo que hacer su trabajo. Soy la primera en llegar a la oficina y soy la última en salir. Algunos días voy a comer a la cafetería, pero a mí me gusta más llevar la comida de mi casa.

¿Sabes que ahora estudio italiano? Empecé un curso de verano el año pasado y desde hace ocho meses voy a la escuela de idiomas. Las clases son bastante interesantes y la profesora es muy amable, pero no

10   he aprobado los exámenes de junio. El año que viene tengo que estudiar más. ¿Y tú? ¿Qué tal tus clases de guitarra?

Estoy un poco preocupada por eso que me dijiste la última vez que hablamos por teléfono. Tienes que pensar un poco más eso de cambiar de casa porque tu apartamento es bonito y, lo más importante, es muy barato. Además, vives en un buen barrio. Solo estás un poco lejos del centro. Ya sabes que cambiar

15   de casa siempre es difícil.

Una cosa más, estas navidades voy a ir a visitarte a Granada. Nunca he estado en la ciudad y quiero conocer la catedral, la Alhambra y los Palacios Nazaríes. También quiero hacerme una foto con la estatua de Federico García Lorca. Todavía no he comprado el billete, pero, si estás de acuerdo, lo compro esta semana. ¡Quiero verte!

20   Un abrazo,

Paula

Soluciones: pág. 3
en la Extensión digital

⚙ ACTIVIDAD 1

Muchas veces en la Tarea 2 se pregunta por quién escribe el texto y para qué. Esta información normalmente aparece en el primer párrafo del texto. Lea los siguientes fragmentos de distintos correos electrónicos y relaciónelos con la frase que les corresponde.

¡Hola, Jaime! ¿Qué tal estás? Te escribo porque el próximo sábado es el cumpleaños de María y estamos organizando una fiesta sorpresa. ¿Quieres venir?	Según el texto, son hermanos.
Estimado señor González: En el hotel Las Palomas, estamos muy contentos por recibir su correo. Queremos contestar a todas sus preguntas sobre nuestras habitaciones y los precios para los meses de verano.	Escribe para invitarle a una fiesta.
Querida Madalena: ¿Qué tal? ¿Cómo estáis todos? Siento mucho no haber ido a la fiesta de cumpleaños de papá. He tenido mucho trabajo últimamente y no podía faltar. Seguro que fue un día genial.	Escribe para saber de qué han hablado en una reunión.
¡Hola, Clara! ¿Cómo estás? ¿Te encuentras mejor? Espero que sí. En el colegio te echamos mucho de menos, los alumnos quieren volver a tener clase contigo y los profes también te extrañamos en las reuniones.	Escriben al cliente para darle información.
Estimado José Antonio: Soy Pedro Sánchez, propietario del apartamento del tercer piso. Le escribo porque la semana pasada estaba de viaje fuera de la ciudad y no pude ir a la cita con los vecinos del jueves. ¿Se habló de los problemas de la calefacción?	Escribe para preguntar por su estado de salud.

ACTIVIDAD 2

Las preguntas de la Tarea 2 siguen el orden en el que se da la información en el texto. A continuación, tiene las cinco preguntas sobre el correo de Paula. ¿Puede decir cuál puede ser su orden en el examen? Escriba al lado de cada pregunta el número (de 1 a 5) según el orden.

___ a) En el texto se dice que Paula...

● **estudia italiano desde el verano pasado.**
○ ha aprobado los exámenes de italiano.
○ va a hacer un curso de ocho meses.

___ b) Según el texto, Carlos...

○ paga un alquiler bastante alto.
○ vive en el centro de la ciudad.
● **quiere cambiar de apartamento.**

_1_ c) Paula escribe a Carlos para decirle que las fiestas...

○ se han hecho en la plaza.
● **han sido divertidas.**
○ han durado cinco días.

___ d) Paula le dice a Carlos que...

○ ya tiene el billete para ir de viaje.
● **quiere visitar algunos monumentos.**
○ estuvo en Granada en Navidad.

___ e) Según el texto, Paula...

○ llega tarde a la oficina.
○ prefiere comer en su casa.
● **tiene mucho trabajo.**

ACTIVIDAD 3

En la Tarea 2 cada pregunta tiene una respuesta correcta y dos falsas. Busque en el texto la información que da Paula y que ayuda a no elegir las opciones de respuesta falsas.

¿POR QUÉ SON FALSAS?

x "pero no he aprobado los exámenes" (línea 10)

_____

_____

_____

_____

_____

_____

_____

Prepárese para el SIELE

Comprensión de lectura

Tarea 2

CÓMO RESOLVER LA TAREA

▷ Lea y subraye las instrucciones. Muchas veces las instrucciones de la Tarea 2 **dan información** sobre las personas del texto.

▷ Lea el texto para tener una **idea general** de lo que dice. Pregúntese: ¿quién lo escribe?, ¿a quién?, ¿para qué?

▷ Lea las preguntas y las opciones de respuesta. Busque sus **palabras clave**.

▷ Las preguntas siguen el **mismo orden** que la información del texto. Esto puede ayudarle a encontrar la respuesta correcta.

▷ Lea el texto por segunda vez e intente **localizar la información** de cada pregunta.

▷ Es posible encontrar en un mismo párrafo las **respuestas** a más de una pregunta.

▷ La respuesta a las preguntas sobre **información general** puede extenderse a lo largo de más de un párrafo.

▷ ¡Atención! Las opciones incorrectas pueden contener palabras o expresiones empleadas en el texto, pero la información que dan es **falsa** según lo que se dice en el texto.

▷ En caso de duda, puede buscar información en el texto para comprobar que las otras opciones son falsas.

1.3.3. La Tarea 2 de CL: manos a la obra

Con lo aprendido en esta sección, responda a la Tarea 2 de CL del SIELE siguiendo las instrucciones.

Soluciones: pág. 3 en la Extensión digital

1) Lea con atención las instrucciones.
2) Lea una primera vez el texto para tener una idea general.
3) Lea las preguntas y las opciones de respuesta y busque las palabras clave.
4) Vuelva al texto y encuentre la información de la pregunta.
5) En caso de duda, puede buscar información en el texto para comprobar que las otras opciones son falsas.

Comprensión de lectura

Tarea 1	Tarea 2	Tarea 3	Tarea 4	Tarea 5

Usted va a leer un correo que Elvira Herrera ha escrito a Sebastian Heinz. Elija la opción correcta para cada una de las cinco preguntas.

CORREO ELECTRÓNICO

Estimado Sebastian Heinz:

Después de leer su correo, y las preguntas que usted nos hacía en él, le envío información sobre los cursos y las actividades que tenemos en la academia Eñe Málaga para sus alumnos.

Ya sabe que enseñamos español a extranjeros en nuestras clases desde hace más de 30 años. Nuestros cursos de Lengua Española duran un mes y se pueden hacer desde abril hasta noviembre. En las vacaciones de verano, muchos jóvenes europeos vienen a España y estudian con nosotros, por eso en esos meses tenemos más profesores.

Además de las clases de Lengua Española, en nuestra academia tenemos otros cursos con los que los estudiantes pueden aprender mucho de la cultura española, si les interesa. Estos cursos son Literatura y Arte, y las clases son de lunes a viernes, de 12 a 13 horas. También pueden aprender cultura española visitando otras ciudades como Sevilla y Salamanca, las más bonitas de España. Enrique es nuestro guía turístico y hace excursiones a estas ciudades los sábados y domingos para todos los estudiantes de la academia. El precio es de 60 euros con alojamiento y transporte.

Después de la comida, los alumnos pueden hacer otros cursos o practicar deporte con alumnos de la Universidad de Málaga y practicar el español con españoles. Los profesores de nuestra academia también participan en estas actividades. Para más información, puede visitar la página de deportes de la universidad, www.deporuni.com, donde están los precios y los horarios.

Por último, debe saber también que si está interesado en nuestros cursos, tiene que hacer la reserva y el pago por internet.

Gracias por escribirnos.

Un saludo,

Elvira Herrera

Directora de la Academia Eñe Málaga

---

1. Según el texto, Sebastián...

○ quiere hacer un viaje a España.   ○ busca clases para sus estudiantes.   ○ va a estudiar en una universidad española.

2. Según el texto, durante los meses de verano...

○ reciben un número mayor de estudiantes.   ○ envían profesores a otros países.   ○ hacen cursos de español más largos.

3. Según el texto...

○ en la clase de Lengua también aprenden Arte y Literatura.   ○ los alumnos de Arte van a visitar tres ciudades con la clase.   ○ la academia hace excursiones los fines de semana.

4. Según el texto, las actividades deportivas son...

○ más baratas para los alumnos de Eñe.   ○ para profesores y alumnos.   ○ en el gimnasio de la universidad.

5. Según el texto, Eñe tiene...

○ actividades por la mañana y por la tarde.   ○ alojamiento para sus estudiantes.   ○ escuelas en otras ciudades de España.

1.4. La Tarea 3 de CL
1.4.1. La Tarea 3 de CL: cómo es

En la Tarea 3 de la prueba de Comprensión de lectura tiene que leer tres textos y relacionarlos con ocho preguntas o enunciados.

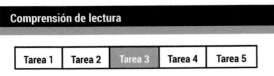

INSTRUCCIONES: En esta tarea hay una parte de las instrucciones que siempre cambia, porque explica el tema de los textos.

Usted va a leer tres textos en los que unas jóvenes chilenas hablan sobre su experiencia como estudiantes en un país extranjero. Elija la opción correcta para cada una de las ocho preguntas.

GABRIELA
Tenía varios compañeros que se habían ido anteriormente a estudiar al extranjero y me dijeron que la experiencia era fantástica y que por qué no buscaba la forma y hacía lo mismo. Pensaba ir a Alemania por seis meses, pero me gustó tanto que me quedé todo el año. Al principio lo pasé muy mal porque, aunque estudiaba mucho, el idioma me resultaba muy complicado y no me enteraba de nada. Sin embargo, al final conseguí aprobar los exámenes y me sentí muy feliz conmigo misma. Estuve viviendo con dos familias y tuve mucha suerte con las dos: nuestra relación fue muy linda y familiar. Mi experiencia fue excelente. Me divertí y aprendí muchas cosas, entre ellas, a organizar mi economía y a convivir con más gente.

PAULA
Yo quería escapar del día a día y esta fue la principal razón por la que fui a Holanda a estudiar. Debo decir que el colegio me impresionó muchísimo. Al principio no sabía ni una palabra de holandés y, como soy tímida, me daba vergüenza cuando no entendía lo que explicaba el profesor. Pero mis compañeros de clase me recibieron muy bien y me trataban como a una amiga. Para mí fue un año muy positivo y siempre recordaré con cariño esta experiencia. El único problema que tuve fue el dinero, porque el coste de vida era muy alto.

SARA
La experiencia de irse a otro país es increíble, se lo aconsejo a todo el mundo sin dudarlo. Cuando pienso en lo que viví, siempre es con una sonrisa en la cara. Lo que más recuerdo es la llegada a la casa de la familia en Bélgica, sin saber muy bien lo que iba a encontrarme y con ganas de conocerlo todo. La familia con la que viví era la mejor, tuve mucha suerte con ellos y les estoy muy agradecida por lo bien que se portaron conmigo. Siempre me hicieron sentir como una más. Lo que viví allí me enriqueció personalmente porque aprendí a solucionar los problemas por mí misma. Me gustaría volver algún día porque quiero hablar mejor el idioma.

(Adaptado de *www.yfuchile.cl/opiniones*. Chile)

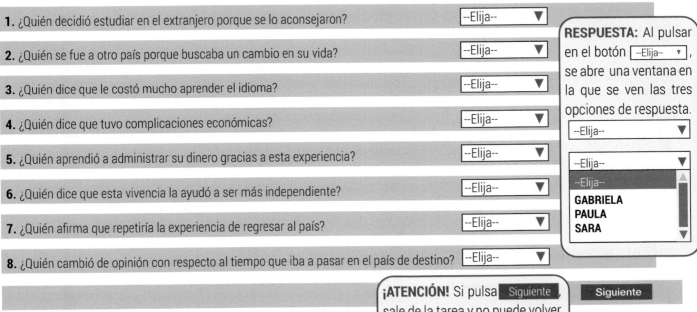

1. ¿Quién decidió estudiar en el extranjero porque se lo aconsejaron? --Elija--

2. ¿Quién se fue a otro país porque buscaba un cambio en su vida? --Elija--

3. ¿Quién dice que le costó mucho aprender el idioma? --Elija--

4. ¿Quién dice que tuvo complicaciones económicas? --Elija--

5. ¿Quién aprendió a administrar su dinero gracias a esta experiencia? --Elija--

6. ¿Quién dice que esta vivencia la ayudó a ser más independiente? --Elija--

7. ¿Quién afirma que repetiría la experiencia de regresar al país? --Elija--

8. ¿Quién cambió de opinión con respecto al tiempo que iba a pasar en el país de destino? --Elija--

RESPUESTA: Al pulsar en el botón --Elija--, se abre una ventana en la que se ven las tres opciones de respuesta.

--Elija--
--Elija--
GABRIELA
PAULA
SARA

¡ATENCIÓN! Si pulsa Siguiente, sale de la tarea y no puede volver a ella.

Siguiente

En **cada texto de la Tarea 3** se habla de un tema común. Por ejemplo, personas hablando de una experiencia o contando anécdotas, información sobre viajes, biografías, etc.

Los **temas** de los textos pueden ser:
▸ personales (experiencias personales, relaciones con otras personas...);
▸ públicos (servicios, sociedad, trabajo, viajes, ocio...).

Las **preguntas de la Tarea 3** se centran en encontrar información específica.

En esta tarea, el orden en el que aparecen las preguntas o enunciados no es el mismo orden que tiene la información en los textos.

Prepárese para el SIELE
Comprensión de lectura
Tarea 3

1.4.2. La Tarea 3 de CL: cómo se resuelve

En primer lugar, **lea con atención las instrucciones** para conocer el tema común de los tres textos y subráyelo.

> Usted va a leer tres textos en los que unas personas cuentan su experiencia en los blogs. Elija la opción correcta para cada una de las ocho preguntas.

ACTIVIDAD 1
Soluciones: pág. 3 en la Extensión digital

Ahora que conoce de qué hablan los textos de esta Tarea 3, lea las preguntas. ¿Sabe a qué se refieren? Subraye las palabras clave que permiten reconocer la información sobre la que se pregunta.

ACTIVIDAD 2

Soluciones: pág. 3 en la Extensión digital

Esta tarea ya está resuelta: ya sabe a qué persona se refiere cada pregunta. Sin embargo, se ha eliminado el nombre de la persona a la que corresponde cada texto. Lea las preguntas y los textos y escriba a qué persona pertenece cada uno.

CARLOS	GONZALO	JAVIER

1. ¿Quién dice que alguien que leía su blog le <u>ofreció un trabajo</u>?

JAVIER

2. ¿Quién gana dinero con su blog actualmente?

CARLOS

3. ¿Quién está viajando con alguien que conoció a través del blog?

JAVIER

4. ¿Quién ha dejado de escribir en su blog?

GONZALO

5. ¿Quién creó su blog cuando perdió su trabajo?

GONZALO

6. ¿Quién dice que el número de personas que lee su blog ha aumentado?

CARLOS

7. ¿Quién comenzó su blog porque alguien se lo recomendó?

GONZALO

8. ¿A quién le gusta ver los comentarios que escriben los lectores en su blog?

CARLOS

Texto 1

Empecé a escribir mi blog porque pensé que iba a ganar dinero. Todavía no he ganado ni un euro, pero ahora creo que un blog puede ayudar a conseguir cosas mucho más importantes que el dinero. Por ejemplo, a conocer a la gente que lo visita. Actualmente estoy haciendo turismo por Colombia con un chico al que conocí porque leía mi blog. Hace meses, <u>una chica que también solía leerlo y hacía comentarios en él quería hacerme un contrato para dar clase en su colegio.</u> Aunque escribir un blog es muy complicado, porque debes tener algo interesante que contar para que tus lectores aumenten, en mi opinión todo el mundo debería crear uno y no dejar de escribir en él.

Texto 2

Hace tres años que empecé a escribir mi propio blog, un blog relacionado con mi trabajo: la economía. Por entonces, mi jefe ya escribía uno, así que me dije: "Y yo, ¿por qué no?". Al principio nadie lo leía, pero ahora estoy muy contento porque es uno de los blogs de economía con más visitas. Lo que de verdad me hace feliz es ver que los lectores me cuentan cuánto les ha ayudado mi blog. Saber que soy útil para algunas personas me alegra mucho más que el dinero que me da el blog. A quienes quieren ganar dinero con su blog les aconsejo no pensar en sus lectores como futuros clientes, sino como personas que necesitan su ayuda.

Texto 3

Empecé a escribir el blog cuando me despidieron. Un amigo me aconsejó crear un blog sobre senderismo, mi gran afición. Al principio escribía sobre sencillos paseos por lugares que yo creía que la gente debía conocer y después comencé a colgar fotos de algunos paisajes impresionantes. Entonces, algunas personas empezaron a dejar mensajes porque les encantaba el blog. Más tarde, decidí organizar un viaje en grupo para hacer senderismo por una zona de Andalucía que conocía muy bien y puse un anuncio en el blog. Se inscribieron unos chicos que lo leían. Después, hice otros viajes. Como cada vez se inscribía más gente, decidí crear una agencia de viajes. Ahora mi negocio va muy bien, pero ya no escribo.

▷ En esta tarea las instrucciones **dan indicaciones** sobre el tema de los textos. Léalas siempre con mucha atención.

▷ Para comenzar esta tarea, lea las ocho preguntas y subraye la **información clave** de cada una de ellas para saber qué información tiene que buscar al leer el texto.

▷ Después lea los textos para comprender la **información principal** de cada uno. En algunos casos ya es posible relacionar alguna pregunta con su texto.

▷ Una sola lectura no es suficiente para resolver la Tarea 3. Es necesario volver a leer tanto los textos como las preguntas y buscar la información específica que necesita. Para ello salte de las preguntas al texto en busca de la **información común**.

▷ No necesita seguir el **orden** de las preguntas. Al contrario: si duda entre dos respuestas o no puede encontrar la correcta, lo mejor es seguir adelante. La clave para la elección puede estar en otro texto.

▷ Si cree que un enunciado puede relacionarse con más de un texto o al revés, tiene que buscar en los textos las frases en las que aparece esa información. De esta manera, puede comprobar que esa persona da la información de la pregunta y no algo parecido o contrario.

Soluciones: págs. 3-4
en la Extensión digital

 **ACTIVIDAD 3**

Los textos de la Tarea 3 pueden dar información muy parecida, pero solo uno de ellos da la información exacta a la que se refiere cada pregunta. En los otros puede decirse algo parecido o no hablar de eso. Vuelva a leer las preguntas, subraye en los textos la información relacionada con cada una de ellas y rellene la tabla colocando el nombre de cada persona en el lugar adecuado (como en el ejemplo).

	HABLA DE ESO		NO HABLA DE ESO
	DA ESA INFORMACIÓN	DICE ALGO PARECIDO	
1. ¿Quién dice que alguien que leía su blog le ofreció un trabajo?	Javier	Carlos	Gonzalo
2. ¿Quién gana dinero con su blog actualmente?			
3. ¿Quién está viajando con alguien que conoció a través del blog?			
4. ¿Quién ha dejado de escribir en su blog?			
5. ¿Quién creó su blog cuando perdió su trabajo?			
6. ¿Quién dice que el número de personas que lee su blog ha aumentado?			
7. ¿Quién comenzó su blog porque alguien se lo recomendó?			
8. ¿A quién le gusta ver los comentarios que escriben los lectores en su blog?			

1.4.3. La Tarea 3 de CL: manos a la obra

Con lo aprendido en esta sección, responda a la Tarea 3 de CL del SIELE siguiendo las instrucciones.

1) Lea las instrucciones y subraye el tema.
2) Lea las preguntas y los textos.
3) Si es posible, intente relacionar alguna de las preguntas con su texto.
4) Vuelva a leer, saltando del enunciado al texto para buscar información más específica.
5) Si tiene alguna duda, busque en el texto el fragmento donde aparece esa información, para asegurarse de que ha relacionado texto y pregunta correctamente.

Comprensión de lectura				
Tarea 1	Tarea 2	Tarea 3	Tarea 4	Tarea 5

Usted va a leer tres textos en los que unas jóvenes que viven en el extranjero cuentan sus experiencias. Elija la opción correcta para cada una de las ocho preguntas.

MARINA

Pensé que iba a ser más difícil vivir lejos de casa sin mi familia, pero me he acostumbrado rápido a Viena. Ahora me gusta viajar, aunque antes nunca había querido salir de mi país. En Viena se cuida el medio ambiente y eso me encanta. Los autobuses funcionan con electricidad, aunque todos van en bicicleta. A mí el ciclismo no me gusta, pero he encontrado un equipo para seguir practicando la natación. ¡Estoy encantada! Sin embargo, no puedo olvidar la comida de España: aquí no es muy variada y se come mucho dulce. Además, no sé si podría estar muchos inviernos en Austria, porque la temperatura disminuye mucho. En el futuro espero poder irme más al sur, quizá a Italia.

CARMEN

Este año he obtenido una beca Erasmus y estoy estudiando en París, una ciudad en la que no había estado y que... ¡me encanta! La vida aquí es muy diferente: la comida es bastante ligera y las cenas son sobre las siete de la tarde. Se suele decir que todo es caro en París, pero no es verdad: los autobuses con los que voy a clase todos los días no se pagan, el comedor ofrece descuentos para estudiantes y, además, el gimnasio siempre tiene ofertas. El clima en París es más agradable que en mi ciudad en España y por eso me gusta más, aunque es verdad que de siete días, por lo menos cuatro está nublado.

SUSANA

Nunca había pensado en hacer mi vida fuera de España, pero ahora que vivo en Dinamarca, no me importa quedarme aquí. Mis padres me ayudaron mucho, sobre todo al principio. Solo había estado un mes lejos de casa, estudiando inglés en Londres, y me acordaba mucho de ellos. Bueno, ahora también me pasa, pero menos. Lo más difícil de vivir en Dinamarca es, quizá, acostumbrarse a las pocas horas de luz que hay en el día. Eso no me gusta nada. Y también es cierto que la moneda es más barata, pero los precios son bastante altos. Los platos típicos daneses me parecen riquísimos, pero no suelo comer fuera, aunque, de vez en cuando, me gusta probar restaurantes nuevos.

(Basado en *www.diariodesoria.es/temas/sorianos-mundo_4113.html?inicio=100%3F.* España)

	MARINA	CARMEN	SUSANA
1. ¿Quién prefiere el clima de la ciudad donde vive?	MARINA	CARMEN	SUSANA
2. ¿Quién se iría a vivir a otro país?	MARINA	CARMEN	SUSANA
3. ¿Quién extraña a su familia?	MARINA	CARMEN	SUSANA
4. ¿Quién cree que la vida es cara en la ciudad donde vive?	MARINA	CARMEN	SUSANA
5. ¿Quién no había estado en el extranjero antes?	MARINA	CARMEN	SUSANA
6. ¿A quién le gusta la comida del país en el que se encuentra?	MARINA	CARMEN	SUSANA
7. ¿Quién suele usar medios de transporte públicos?	MARINA	CARMEN	SUSANA
8. ¿Quién es la más deportista de las tres?	MARINA	CARMEN	SUSANA

 Soluciones: pág. 4 en la Extensión digital

1.5. La Tarea 4 de CL
1.5.1. La Tarea 4 de CL: cómo es

En la Tarea 4 de la prueba de Comprensión de lectura tiene que leer dos textos incompletos, con cuatro huecos cada uno, y completarlos escogiendo entre los cinco fragmentos que se le proporcionan para cada texto.

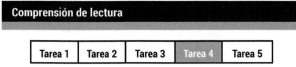

INSTRUCCIONES: En esta tarea las instrucciones siempre son iguales. Léalas y asegúrese de que entiende lo que dicen.

Usted va a leer dos textos en los que faltan cuatro fragmentos. Elija el fragmento correcto para cada hueco.

De los cinco fragmentos, solo tiene que utilizar cuatro.

Para ver y seleccionar los fragmentos que faltan, pulse --Elija-- y aparecerán las cinco opciones.

Texto 2

EL NUEVO CONSUMIDOR EN UN PANORAMA DE CAMBIO

Cada día los profesionales de la mercadotecnia y de la publicidad intentan comprender el comportamiento del consumidor y hallar las verdades humanas que lo mueven. --Elija-- ⊕ Lo cierto es que en los últimos años el perfil de los consumidores ha cambiado. Hoy nos encontramos ante un consumidor más informado y exigente, que interactúa con distintos medios para distintos propósitos.

Internet ha revolucionado el mundo del consumidor, que se siente capaz de convertirse en un entendido sobre cualquier sector del mercado que le interese y de elegir con conciencia. Y como valora mucho su tiempo, busca informarse de la forma más rápida que le sea posible. --Elija-- ⊕ Conoce muy bien las marcas y es consciente del poder que tiene entre sus manos. Víctor Lozano, de la consultora Future Labs, comenta que hoy en día "el consumidor puede ejercer su poder de manera mucho más concreta y clara. Es crítico, hace saber lo que piensa en las redes sociales y tiene la capacidad de destruir una marca a través del boca a boca". --Elija-- ⊕

El nuevo consumidor quiere sentirse parte de la empresa y adquirir un papel protagonista en la creación de los productos. Desea ser escuchado y tomado en cuenta. Para satisfacer esta necesidad, las empresas se han visto obligadas a establecer puentes que ayuden a acercar la marca a los posibles compradores. --Elija-- ⊕

(Adaptado de *http://beta.udep.edu.pe*. Perú)

Anterior **Siguiente**

RESPUESTA: Al pulsar en el botón --Elija-- ⊕ , se abre la ventana con todos los fragmentos. Cuando escoja uno este se tachará y no podrá ser seleccionado otra vez. Si quiere volver a usarlo tiene que volver al hueco en el que lo ha usado y cancelar la selección.

La Tarea 4 está compuesta por dos textos en una pantalla cada uno y es posible moverse entre ellos con los botones **Anterior** y **Siguiente** .

Elija el fragmento correcto: ⊗

(a) El nuevo consumidor, en definitiva, recurre a medios que le ofrecen la inmediatez deseada y que satisfacen su necesidad de conocimientos.

(b) Un claro ejemplo de esto se ve en el uso que se hace de las redes sociales, que representan un canal de comunicación fundamental en el mercado actual.

(c) No obstante, ha dejado de ser un receptor pasivo para convertirse en un receptor activo que quiere ser amigo de la marca.

(d) Pero también puede convertirse en un aliado que ayude a que la marca mejore el valor de su propuesta.

(e) Este conocimiento les permite conectar con él y hacer que se involucre con las propuestas que hacen las marcas.

Los **textos de la Tarea 4** son artículos de opinión, noticias, cartas al director, guías de viaje que describen o narran experiencias, planes, proyectos, etc.

Los **temas** de los textos pueden ser:

▶ públicos (servicios; vivienda; viajes; tiempo libre y entretenimiento...);

▶ académicos (ciencia y tecnología; geografía; flora y fauna...);

▶ profesionales (trabajo, economía e industria; política y sociedad...).

Los textos de esta tarea pertenecen a diferentes variedades lingüísticas del mundo hispánico.

Para resolver la **Tarea 4** se requiere reconstruir la estructura de los textos identificando las relaciones entre las ideas que aparecen en ellos.

Primero debe **leer las instrucciones** y asegurarse de comprender qué tiene que hacer y cómo hacerlo.

A continuación tiene dos textos de la Tarea 4. Realice una primera lectura general de ellos, ¿sabe de qué hablan? ¿Puede identificar la idea principal de cada párrafo? Escríbala en el cuadro de la derecha.

Usted va a leer dos textos en los que faltan cuatro fragmentos. Elija el fragmento correcto para cada hueco. De los cinco fragmentos, solo tiene que utilizar cuatro.
Para ver y seleccionar los fragmentos que faltan, pulse [--Elija-- ▼] y aparecerán las cinco opciones.

Soluciones: pág. 4
en la Extensión digital

Prepárese para el SIELE

Comprensión de lectura

Tarea 4

Texto 1   **EL DÍA DE LOS MUSEOS**

I Como cada año, el Instituto Cultural de Aguascalientes invita a conmemorar el <u>Día Internacional de los Museos</u>. Será este miércoles, 18 de mayo, de 11:00 a 20:00 horas en todos los museos de la ciudad. **–1–**. <u>Por esta posibilidad</u>, se espera que haya una gran participación y que aumenten las cifras de ediciones anteriores.

II El plato fuerte del día es el Museo Espacio, un atractivo programa de visitas y clases que comienza en la mañana. **–2–**. La jornada tendrá su conclusión con el estreno de un sorprendente espectáculo escénico.

III La organización responsable es el Consejo Internacional de Museos, que reúne a museos y profesionales y que está a cargo de la promoción y la manutención de la riqueza natural y cultural de los pueblos. **–3–**. Estos también se dedican a la protección de los museos en situaciones de emergencia, así como a la investigación en temas museísticos.

IV Más de 35 000 museos participarán en este día que se creó en 1977. **–4–**. Este será igualmente el contenido de la Conferencia General de Museos que tendrá lugar en Italia, del 3 al 9 de julio.

(Adaptado de *www.lja.mx/2016/05/celebracion-del-dia-internacional-de-los-museos*. México)

Fragmentos del texto 1

2 (a) A continuación, habrá una mesa de reflexión para compartir las experiencias de los participantes en estas actividades.

4 (b) El tema elegido para la celebración de este año gira alrededor de la idea Museos y Paisajes Culturales.

X (c) En cambio, los museos son un espacio para los intercambios culturales, la cooperación y la paz entre los pueblos

1 (d) Con <u>esta celebración</u> <u>se abren las puertas</u> de los museos estatales y privados para convertirlos en un espacio vivo <u>para todos los públicos</u>.

3 (e) Esta tarea se lleva a cabo a través de sus 31 Comités Internacionales, cada uno dedicado a una materia determinada.

CÓMO RESOLVER LA TAREA

▷ Para resolver la Tarea 4, lea las instrucciones y compruebe que conoce **cómo funciona la página**. Recuerde que al escoger un fragmento este deja de estar disponible. Si quiere volver a usarlo tiene que eliminarlo del hueco donde lo colocó.

▷ Lea una primera vez el texto completo, sin detenerse en los huecos. Trate de obtener una **idea general** del texto y de cómo se desarrolla la información. Localice la idea principal de cada párrafo.

▷ Después, **lea los fragmentos** y coloque aquellos que identifique más claramente con los contenidos del texto y las ideas principales de cada párrafo. No se preocupe por el orden, porque no es necesario completar todos los huecos siguiendo el orden del texto. Comience por el fragmento más fácil y así, al llegar a los más difíciles, va a tener menos opciones de respuestas disponibles.

▷ Tenga en cuenta que muchas veces los fragmentos están relacionados tanto con la frase anterior como con la que sigue al hueco. Estas relaciones pueden ser de orden, de significado, de causa y consecuencia... Recuerde que **las claves están en el propio texto**. Fíjese en sus palabras e ideas, los nombres y pronombres, el desarrollo o cronología, los elementos de referencia y los mecanismos de cohesión.

▷ Por último, es importante leer el texto después de colocar todos los fragmentos. El texto completo ¿tiene sentido?

	TEXTO 1		TEXTO 2
I	Celebración del Día de los Museos.	I	
II		II	
III		III	
IV		IV	

Soluciones: págs. 4-5 en la Extensión digital

ACTIVIDAD 2

Para resolver la Tarea 4 nos ayudamos de las relaciones que existen entre el fragmento y el texto que lo rodea. Lea los textos y los fragmentos con atención y busque los elementos (palabras o expresiones) que relacionan cada fragmento con su hueco. Tiene un ejemplo en el párrafo I del texto 1.

Texto 2

EL PARAÍSO

I Árboles de hace más de cien años, bosques siempre verdes, cascadas que caen como guirnaldas, paredes de mil metros de altura, ríos, lagunas... **–1–**. Una suma de elementos que hacen del parque Tagua Tagua uno de los destinos con mayores posibilidades de desarrollo del sur de Chile.

II El parque privado Tagua Tagua abrió oficialmente sus puertas hace tan solo un año. **–2–**. Y es que cuesta creer que a tan solo 170 km de la gran área urbana de Puerto Montt exista un lugar tan protegido de la civilización.

III El proyecto se inició con una autorización a la Universidad Mayor y hoy el parque es administrado por el hotel Puelo Lodge. **–3–**.

IV El parque ofrece la posibilidad de realizar senderismo guiado con una noche de hotel, así como la de visitar el parque en tan solo una jornada. **–4–**. Lo nuevo de este año es un programa que ofrece paseo en barca, entrada al parque, dos días de senderismo, cena y desayuno, por poco más de 55 000 pesos por persona. Eso sí, con el objeto de reducir el impacto de los visitantes, la entrada al parque es solo mediante reservas.

(Adaptado de *www.revistaenfoque.cl/paraiso-tagua-tagua*. Chile)

Fragmentos del texto 2

4 (a) Sin embargo, la cantidad de alternativas es innumerable, pues cualquier cosa es posible en este paraíso incontaminado.

2 (b) Desde entonces, se ha convertido en un lugar de visita obligada para los amantes del senderismo, el montañismo y la escalada.

3 (c) Este acuerdo no solo ha permitido desarrollar investigación científica, sino también crear atractivos programas turísticos con alojamientos de primer nivel.

X (d) Todo esto lo convierte en una zona que invita a una desconexión total y al descubrimiento de la historia más profunda de Chile.

1 (e) No solo eso, sino también caminos e infraestructuras excelentes, estudios de conservación en curso y multitud de especies animales y vegetales.

Soluciones: pág. 5 en la Extensión digital

ACTIVIDAD 3

Los marcadores del discurso nos dan muchas de las claves que permiten reconstruir textos como los de la Tarea 4. Aquí tiene algunos de los más habituales. ¿Sabe para qué sirven? Colóquelos en la columna correspondiente. ¿Puede añadir otros?

A continuación – No obstante – Resumiendo – Es decir – No solo…, sino también – Así como – Finalmente – En cambio – En suma – Es que – Eso sí – Sin embargo – Pues – En otras palabras – Total – Mejor dicho – Ya que – Por su parte – Además

Suman ideas	Expresan causa y consecuencia	Expresan oposición

Expresan orden	Reformulan ideas	Introducen resumen o conclusión

Prepárese para el SIELE

Comprensión de lectura

Tarea 4

1.5.3. La Tarea 4 de CL: manos a la obra

Con lo aprendido en esta sección, responda a la Tarea 4 de CL del SIELE siguiendo las instrucciones.

 Soluciones: pág. 5 en la Extensión digital

1) Lea las instrucciones.
2) Lea una primera vez el texto completo para obtener una idea de su contenido y de las ideas principales de cada párrafo.
3) Lea los fragmentos y fíjese en los elementos de referencia que contienen.
4) Vuelva a leer el texto y coloque primero aquellos fragmentos que ve más seguros.
5) Fíjese bien en las frases anteriores y posteriores a cada hueco y busque las claves para completar el texto.
6) No olvide leer el texto completo al final para comprobar que tiene sentido.

Comprensión de lectura

Tarea 1	Tarea 2	Tarea 3	Tarea 4	Tarea 5

Usted va a leer dos textos en los que faltan cuatro fragmentos. Elija el fragmento correcto para cada hueco. De los cinco fragmentos, solo tiene que utilizar cuatro. Para ver y seleccionar los fragmentos que faltan, pulse --Elija-- ⊕ y aparecerán las cinco opciones.

Texto 1

PRIMER VIAJE A EUROPA

Si existe algo divertido y fascinante al planear un viaje a Europa es buscar qué destinos conocer y enamorarse de ellos a través de relatos y fotos de otros viajeros. --Elija-- ⊕

Pero para quien está decidido a planear el viaje por su cuenta la organización es importante, especialmente si la idea es recorrer varias ciudades y, además, gastar lo menos posible. --Elija-- ⊕

Para un primer viaje, una opción interesante es visitar las ciudades clásicas París, Londres y Barcelona. Según el tiempo disponible, se puede incluir Madrid, Praga o Ámsterdam, entre otras. Para viajar de ciudad en ciudad, recomendamos aprovechar las ofertas de vuelos que aparecen en las páginas web de las compañías aéreas. --Elija-- ⊕ Aunque los precios cambian según la época del año.

A la hora de dormir, lo más económico suelen ser los albergues. Se paga por cama y tienen espacios comunes y cocina. --Elija-- ⊕ Para elegir el mejor alojamiento con buenos precios, hay que tener en cuenta las recomendaciones de otros usuarios, que se pueden consultar en internet. Con todo organizado, faltará preparar el equipaje, la cámara de fotos y empezar a disfrutar.

(Adaptado de *www.clarin.com/todoviajes/Europa-primer-viaje-itinerario_0_1350464951.html*. Argentina)

a	Si finalmente es esta la vía elegida, se debe buscar los vuelos, decidir cómo moverse entre ciudades y dentro de cada una de ellas, e investigar posibles alojamientos.
b	Más allá de lo exclusivamente económico, estos alojamientos son excelentes para conocer gente, compartir experiencias e intercambiar información práctica.
c	Un detalle: los vagones tienen mesas para tomar algo o trabajar e, incluso, algunos tienen conexión a internet; sin embargo, las tarifas son elevadas.
d	En Europa, cuentan con varias que permiten moverse con gran rapidez de un punto a otro y pagar menos que si fuéramos por tierra.
e	Una primera opción para preparar la ruta y demás aspectos es dirigirse a una agencia de viajes y confiar en los especialistas.

Texto 2

SUPERAR LÍMITES COMO UN JUEGO

Herminia Estefanell trabajó durante mucho tiempo atendiendo dificultades de aprendizaje en diferentes lugares, como Paysandú o Montevideo. --Elija-- ⊕ Así nació Pipiña, una propuesta que combina lo tradicional y lo digital, y que busca que los niños estén motivados y puedan mejorar los problemas que tengan en el desarrollo del lenguaje. --Elija-- ⊕ Además, todos tienen pistas, fichas de colores, rompecabezas y letras especiales para que los niños construyan palabras de forma divertida.

Maestra y licenciada en psicología, Estefanell trabajó con un equipo de diseñadores y una empresa de nuevas tecnologías para desarrollar la parte digital de su proyecto. --Elija-- ⊕ Sobre esta experiencia anterior, Estefanell resaltó: "Durante todos esos años introduje los juegos en el espacio de trabajo porque los niños que tienen tantas dificultades tienen que tener una oferta diferente".

Para jugar con Pipiña, es necesario tener los cuatro juegos físicos, que se solicitan por internet. --Elija-- ⊕ En conjunto, esta propuesta busca trabajar la atención, la memorización y el control del lenguaje, entre otras habilidades, en niños de todas las edades.

(Adaptado de *www.elpais.com.uy/vida-actual/superar-limites-juego-innovadora-propuesta.html*. Uruguay)

a	Junto a ellos, su idea era convertir su trabajo a lo largo de veinticinco años en una propuesta que se encuentra a medio camino entre el mundo real y el virtual.
b	Con la compra, estos traen un número para poder descargar las herramientas virtuales. El precio de los juegos es casi de cincuenta pesos.
c	Lo hizo hasta que un día pensó que su trabajo podía estar amenazado si no tenía una herramienta digital con la que inventar juegos y herramientas para aprender.
d	No obstante, la propuesta de Estefanell tendrá financiación de la Agencia Nacional de Investigación.
e	Para ello, la idea se basa en juegos con tablero y tarjetas con diferentes dibujos.

1.6.1. La Tarea 5 de CL: cómo es

En la Tarea 5 de la prueba de Comprensión de Lectura tiene que leer un texto incompleto con 12 huecos y completarlos eligiendo la respuesta correcta entre las tres opciones que se proporcionan para cada uno.

Comprensión de lectura

| Tarea 1 | Tarea 2 | Tarea 3 | Tarea 4 | Tarea 5 |

INSTRUCCIONES: En esta tarea las instrucciones siempre son iguales. Léalas y asegúrese de entender lo que dicen.

Usted va a leer un texto en el que faltan doce palabras. Elija la opción correcta para cada hueco.

PELIGRAN ARRECIFES DE CORAL POR EL CAMBIO CLIMÁTICO

Recientes investigaciones del Instituto de Ciencias del Mar y Limnología de la UNAM han demostrado que los efectos del cambio climático producen la pérdida de los arrecifes de coral, informó Roberto Iglesias Prieto, académico de esta entidad.

El --Elija-- de tan solo un grado centígrado en la temperatura de los océanos ocasiona el blanqueamiento generalizado de las colonias de coral y les causa la muerte, --Elija-- significa la pérdida de miles de especies, debido a que en estos ecosistemas se encuentran las más --Elija-- del planeta.

Además, estos arrecifes son la más importante fuente turística de México, pues producen la arena blanca del mar Caribe, preferida por el turismo internacional, que representa la tercera fuente de divisas, solo por debajo de la industria petrolera y de las remesas --Elija-- de Estados Unidos, refirió.

--Elija-- solo ocupan el dos por ciento de la superficie terrestre, mencionó el investigador, estos ecosistemas son una gran fuente de riqueza económica y de servicios ambientales --Elija-- más de cien millones de personas en el mundo, y capturan aproximadamente 50 por ciento del carbono planetario.

--Elija-- , informó, son las estructuras geológicas de origen biológico más grandes del orbe y han dominado las zonas poco profundas de los mares tropicales en los últimos 200 millones de años.

Por eso, argumentó, sería necesario que se --Elija-- conciencia entre la población para el cuidado de estas fuentes de riqueza, --Elija-- tan perjudiciales son el calentamiento global y el efecto invernadero como la contaminación marítima producida por la población.

Como ya se dijo, los arrecifes --Elija-- del crecimiento de las colonias de corales que dejan sus esqueletos en la roca calcárea, y a través de miles de años forman una estructura definida que se incrementa mientras no --Elija-- erosión. Si bien este último fenómeno explica las playas blancas como las de Cancún, especificó el investigador, en caso de que la erosión sea mayor a la incorporación de carbonato de calcio, se seguirá produciendo la arena blanca, pero el arrecife no podrá prosperar.

Las acciones para el cuidado de los arrecifes son escasas e insuficientes, algo no exclusivo del país, señaló el especialista, pues en todo el mundo persiste el desconocimiento sobre el estado de ese ecosistema o se minimiza su importancia, --Elija-- en países que tienen políticas de protección del medio ambiente.

(Adaptado de *www.dgcs.unam.mx/boletin/bdboletin/2008_368.html*. México)

Siguiente

Prepárese para el SIELE · Comprensión de lectura · Tarea 5

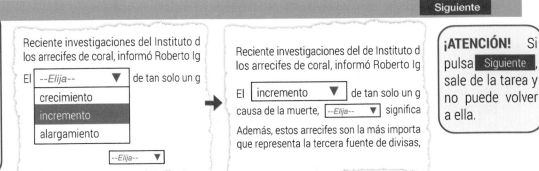

RESPUESTA: Al pulsar en el botón --Elija-- ,se abre una ventana pequeña que muestra las tres opciones de respuesta. Cuando escoge una opción de respuesta, se cierra la ventana y la opción elegida se muestra en el lugar que le corresponde en el texto.

Reciente investigaciones del Instituto d los arrecifes de coral, informó Roberto Ig

El --Elija-- de tan solo un g
- crecimiento
- incremento
- alargamiento

--Elija--

Reciente investigaciones del de Instituto d los arrecifes de coral, informó Roberto Ig

El incremento de tan solo un g causa de la muerte, --Elija-- significa Además, estos arrecifes son la más importa que representa la tercera fuente de divisas,

¡ATENCIÓN! Si pulsa Siguiente , sale de la tarea y no puede volver a ella.

Los **textos de la Tarea 5** son textos largos y complejos que pueden aparecer en revistas, libros de texto, periódicos y otros.

Los **temas** de los textos son especializados y pueden ser:

▶ académicos (lengua y literatura; ciencia y tecnología; geografía y naturaleza...);

▶ profesionales (trabajo, economía e industria; política y sociedad...).

Los textos de esta tarea pertenecen a **diferentes variedades lingüísticas** del mundo hispánico.

Para resolver la **Tarea 5** debe identificar las estructuras, el léxico y los mecanismos de cohesión adecuados en textos con un repertorio lingüístico complejo.

De las 12 preguntas, 4 son sobre estructuras gramaticales (1 de ellas de nivel B2); 4, sobre el léxico (1 de ellas de nivel B2); y otras 4, sobre los mecanismos de cohesión.

1.6.2. La Tarea 5 de CL: cómo se resuelve

Lo primero que debe hacer es **leer las instrucciones** y asegurarse de comprender lo que tiene que hacer y cómo tiene que hacerlo.

> Usted va a leer un texto en el que faltan doce palabras. Elija la opción correcta para cada hueco.

Soluciones: pág. 5
en la Extensión digital

ACTIVIDAD 1

A continuación tiene un texto de la Tarea 5. Léalo una primera vez completo para tener una idea general. Aproveche también para fijarse en los huecos, ¿puede anticipar qué clase de palabra (nombre, verbo, conector, preposición, etc.) iría en cada uno de ellos? ¿En qué se ha fijado para descubrirlo? ¿En las palabras del entorno? ¿En los signos de puntuación? Subraye estos rasgos en el texto.

COCINA MOLECULAR

La gastronomía, como todo lo que forma parte de la cultura en la que vivimos, experimenta cambios con el paso del tiempo. Entre 2002 y 2009, un restaurante de la Costa Brava fue considerado el mejor del mundo, y su cocinero principal, Ferran Adrià, se hizo universalmente conocido.

Periodistas y críticos gastronómicos utilizaron el nombre "cocina molecular" para describir el estilo gastronómico de ese restaurante. **–1–**, una de sus preparaciones más novedosas son las 'esferas', que se logran por la formación de un gel en la superficie de un líquido como resultado de una reacción. Se ha creado el concepto 'esferificación' para **–2–** este proceso.

Estas innovaciones despertaron en muchos amantes de la gastronomía el interés **–3–** la ciencia escondida en las preparaciones. El intercambio entre cocineros y científicos se convirtió en algo posible. **–4–**, las investigaciones académicas en el área de la gastronomía comenzaron a tener un lugar en el mundo de la ciencia.

Estas ganas de entender **–5–** ocurre cuando cocinamos y comprender por qué las recetas son como son comenzó mucho antes. En 1969 un distinguido físico de origen húngaro dio una conferencia con el título *El físico en la cocina*. Unos años después, junto a un prestigioso químico francés, **–6–** la expresión "gastronomía molecular y física" y la definió como la "investigación científica de las transformaciones y los fenómenos de la cocina".

En 2015, dieron un paso más allá al considerar la gastronomía molecular como una disciplina académica, sosteniendo que la alimentación o cocina del futuro tomará como **–7–** de partida las moléculas básicas.

Ahora bien, la cocina del futuro para muchos será exactamente lo contrario, **–8–** bajo la preocupación por el cuidado del ambiente, se volverá a formas tradicionales de cultivo y alimentación. En ese sentido se advierte una tendencia a volver a productos y platos tradicionales y avanzar en esa vuelta al pasado parecería llevar a la desaparición de la cocina molecular de los restaurantes. Asimismo, pondría **–9–** a la tendencia a valerse del conocimiento científico para definir nuevos platos. Sin embargo, la ciencia forma parte de nuestra vida cotidiana, y la cocina, cualquiera que **–10–** la preferencia del momento, no queda al margen de su influencia.

La aplicación de estas técnicas en los alimentos, **–11–**, facilita un uso más eficiente de los comestibles para atender las crecientes demandas de la humanidad. La ciencia de los alimentos permite entender, por ejemplo, por qué los vegetales verdes adquieren un color poco apetitoso si **–12–** cocina demasiado tiempo.

(Adaptado de *http://cienciahoy.org.ar/2016/04/cocina-molecular*. Argentina)

CÓMO RESOLVER LA TAREA

▶ Para resolver la Tarea 5, lea las instrucciones y asegúrese de conocer **cómo funciona la página**. Recuerde que, en la página del examen, puede ver las opciones de respuesta junto a cada hueco y, cuando elige una opción, esta aparece en su lugar en el texto.

▶ Lea una primera vez el texto completo, sin detenerse en los huecos. Trate de obtener una idea general y encuentre, si puede, las palabras que deben ir en cada hueco.

▶ Después, **fíjese en los huecos** uno a uno. Lea las opciones de respuesta. ¿Cuál es la adecuada? En cada hueco solo hay una opción posible.

▶ Fíjese en las palabras que preceden o siguen al hueco. Muchas veces puede encontrar en ellas las **claves** para elegir o rechazar las opciones de respuesta.

▶ Si tiene dudas, piense por qué cada opción de respuesta puede ir o no en ese hueco.

▶ Por último, es importante leer el texto después de elegir las palabras para todos los huecos. El texto completo ¿tiene sentido?

ACTIVIDAD 2

Soluciones: págs. 5-6
en la Extensión digital

Para resolver la Tarea 5, es necesario identificar la opción de respuesta adecuada para cada hueco. En ocasiones, hay claves inequívocas para seleccionarla; en otras, tiene que fijarse en si es posible rechazar las otras opciones para elegir la opción correcta. Observe las respuestas de la tarea y diga para cada opción por qué es o no es adecuada.

1	En el fondo	**De hecho**	En general
2	**nombrar**	verbalizar	sintetizar
3	para	sobre	**por**
4	No obstante	Más bien	**Así pues**
5	lo cual	**lo que**	el que
6	clasificó	**introdujo**	comunicó
7	lugar	sitio	**punto**
8	**puesto que**	de ahí que	pese a que
9	**fin**	final	conclusión
10	sería	**sea**	será
11	**a su vez**	al contrario	de cualquier forma
12	se lo	se les	**se los**

	¿Por qué es esa la respuesta correcta?
1	Las esferas son un ejemplo de las técnicas de la cocina molecular. *De hecho,* sirve para introducir ejemplos que refuerzan la idea principal.
2	
3	
4	
5	
6	
7	
8	
9	
10	
11	
12	

Soluciones: pág. 6
en la Extensión digital

ACTIVIDAD 3

Las preguntas de la Tarea 5 se centran en las estructuras gramaticales, el léxico y los mecanismos de cohesión que pueden aparecer en textos especializados. A continuación tiene diferentes fragmentos con huecos sobre algunas de las cuestiones más frecuentes en esta tarea. Elija la opción correcta para cada hueco.

a) Por el momento se desconoce si se trata de historias previas o posteriores a la novela o si, _____, son narraciones derivadas de su trama. (*El País*, 05/05/2017) – por consiguiente – por supuesto – por el contrario –	b) A la hora de pensar en el cambio climático, la mayoría de las publicaciones se centran en los efectos de este fenómeno _____ el medio ambiente y la salud física, pero hasta ahora no se ha considerado la salud mental. (*Telemundo*, 20/04/2017) – por – para – hacia –
c) La idea es implantar pequeños dispositivos en el cerebro para cargar y descargar pensamientos, lo que logrará que estos puedan ser transcritos en sistemas informáticos sin _____ de mover el cuerpo. (*Gizmodo*, 21/04/2017) – necesidad – posibilidad – implicación –	d) El ser humano se enfrenta a la _____ de continuar viviendo como le dijeron que debía vivir o, por otro lado, comenzar a vivir en sus propios términos, bajo sus propias reglas. (*Pijamasurf*, 19/04/2017) – oposición – alternativa – disyuntiva –
e) Conocemos como "hogar" al lugar donde residimos o, _____, nuestra vivienda o casa. (*Blogs20minutos*, 19/04/2017) – después de todo – de todas maneras – dicho de otro modo –	f) La actuación durará una hora, la mitad de _____ será destinada a la explicación del proyecto y la proyección de imágenes sobre su evolución. (*La voz de Galicia*, 03/05/2017) – la cual – la que – que –
g) Por tal razón ha sido mi deseo el trabajar para conseguir que cualquier lector interesado en adquirir un ejemplar de mi libro _____ comprarlo allá donde se encontrara y sin tener que pagar por los gastos de envío. (*Blogs20minutos*, 20/04/2017) – podrá – pudiera – podría –	h) Las exportaciones de aguacates de países como México y Chile están creciendo un 250 % al año; _____, han pasado de 154 toneladas en 2012 a más de 25 000 toneladas en 2016. (*Expansión*, 25/04/2017) – encima – de hecho – con todo –

Prepárese para el SIELE

Comprensión de lectura

Tarea 5

1.6.3. La Tarea 5 de CL: manos a la obra

Con lo aprendido en esta sección, responda a la Tarea 5 de CL del SIELE siguiendo las instrucciones.

 Soluciones: pág. 6 en la Extensión digital

1) Lea las instrucciones.
2) Lea una primera vez el texto completo para obtener una idea general e intentar anticipar las palabras que faltan.
3) Vuelva a leer el texto deteniéndose en cada hueco. ¿Identifica la respuesta adecuada?
4) Fíjese bien en las frases anteriores y posteriores a cada hueco y busque las claves para elegir la respuesta correcta.
5) Si tiene dudas, trate de pensar por qué las opciones son posibles o no en cada hueco.
6) Lea el texto completo al final para comprobar que tiene sentido.

Comprensión de lectura				
Tarea 1	Tarea 2	Tarea 3	Tarea 4	Tarea 5

Usted va a leer un texto en el que faltan doce palabras. Elija la opción correcta para cada hueco.

¿LA TECNOLOGÍA GENERA CAMBIOS?

Hoy se dice que vivimos en un mundo en el que la tecnología marca el ritmo del progreso y el desarrollo de nuestra vida.

Ahora más que nunca, la tecnología está presente en todo momento y se manifiesta continuamente en la aparición de nuevos productos, **–1–** nos mantienen en movimiento y en un constante cambio que afecta a nuestra vida. Este continuo desarrollo de nuevos productos en el mercado nos ha sumergido en un proceso que cada vez se agrava más, **–2–** no alcanzamos a usar en su totalidad un producto cuando aparece otro nuevo con mayores prestaciones y eso hace que el actual resulte arcaico.

Por este motivo, se dice que la tecnología genera cambios. Sin embargo, para darle **–3–** a esta frase es importante aclarar qué es la tecnología. Esta se suele definir como "la programación de los conocimientos y prácticas aplicables a **–4–** actividad, más corrientemente a los procesos industriales". Con base a esta definición, la tecnología es un proceso que no supone necesariamente un cambio.

Si recurrimos a la historia encontramos que, a finales del siglo XIX, la ciencia no había aportado nada a la tecnología. A medida que la ciencia **–5–** conocimientos notables, estos comenzaron a utilizarse para la creación de nuevos procedimientos tecnológicos, **–6–** la relación entre la tecnología y la ciencia se volvió más cercana.

Todo proceso de innovación demanda un conocimiento científico; **–7–**, la ciencia en sí es la que en realidad genera el cambio, pues es esta la que nos lleva a la zona donde está lo nuevo. Ahora podemos **–8–** que un desarrollo tecnológico sí implica un cambio, pues es el producto de un proceso en donde primero se da el desarrollo científico y posteriormente un proceso de innovación.

Los expertos se suelen referir **–9–** los desarrollos tecnológicos no solo como productos físicos, sino también como aportaciones muy importantes en servicios y procesos comerciales. Sirvan como ejemplo: la venta de cerveza fría, las compras en línea, **–10–** el pago de un servicio desde casa o comprar el boleto electrónico para pasajes en medios de transporte.

La gran pregunta es: "¿Siempre los cambios han sido para bien de la sociedad?" La respuesta la conocemos: no siempre ha sido así. **–11–**, siempre que emprendamos un proceso de innovación para la generación de un producto tecnológico debemos tener presente que no necesariamente los cambios producen cosas buenas, pero que las cosas buenas **–12–** de un cambio.

(Adaptado de *www.conocimientoenlinea.com/?p=348#more-348*. México)

1	los cuales	cuantos	lo que
2	dado que	de cualquier forma	pese a que
3	comprensión	originalidad	validez
4	cualquiera	cualquier	cualesquiera
5	generara	habría generado	fue generando
6	mientras	gracias a que	luego
7	por consiguiente	aún más	ahora bien
8	aportar	sostener	rectificar
9	a	en	sobre
10	rentabilizar	efectuar	remunerar
11	En cambio	A este respecto	De igual modo
12	ascienden	disponen	surgen

1.7. Dé el salto

Ahora que ya conoce y ha practicado todas las tareas de la prueba de Comprensión de lectura del examen SIELE, puede comprobar y poner en práctica lo que ha aprendido.

- Primero, repase cómo son las diferentes tareas de la prueba.
- Después, realice una prueba de Comprensión de lectura.
- Por último, reflexione sobre cómo lo ha hecho y cuáles han sido sus resultados.

REPASE ANTES DE LA PRUEBA

A continuación, tiene las características de las diferentes tareas de la prueba de Comprensión de lectura y diferentes consejos para hacerlas de una manera efectiva. Relacione cada tarea con las características y consejos que le corresponden.

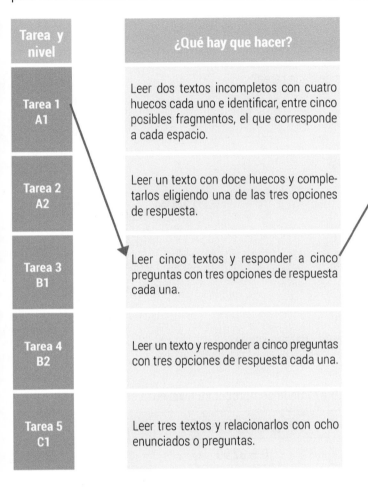

Tarea y nivel	¿Qué hay que hacer?	¿Cómo hacerlo mejor?
Tarea 1 A1	Leer dos textos incompletos con cuatro huecos cada uno e identificar, entre cinco posibles fragmentos, el que corresponde a cada espacio.	Leer las instrucciones para conocer el tema común de los textos. Leer las preguntas, después, leer los textos y buscar qué texto da exactamente la información de cada pregunta.
Tarea 2 A2	Leer un texto con doce huecos y completarlos eligiendo una de las tres opciones de respuesta.	Saber qué tipo de texto es mirando los elementos visuales. Leer el texto primero y luego las preguntas. Volver al texto y buscar la información de cada pregunta.
Tarea 3 B1	Leer cinco textos y responder a cinco preguntas con tres opciones de respuesta cada una.	Leer el texto y anticipar las palabras que faltan. Después, mirar cada hueco y elegir, entre las opciones, la adecuada. Revisar el texto completo al final.
Tarea 4 B2	Leer un texto y responder a cinco preguntas con tres opciones de respuesta cada una.	Leer el texto para conocer las ideas de cada párrafo. Después, leer los fragmentos y colocar primero los más fáciles de identificar (no importa el orden). Revisar el texto completo al final.
Tarea 5 C1	Leer tres textos y relacionarlos con ocho enunciados o preguntas.	Leer las instrucciones para conocer a los participantes. Leer el texto y las preguntas y buscar las respuestas siguiendo el orden de la información en el texto.

 Soluciones: pág. 6 en la Extensión digital

HAGA LA PRUEBA

Ahora puede practicar con **una prueba completa de Comprensión de lectura** como en el examen. Para ello, debe seguir estas instrucciones:

- Acceda a la Extensión digital del manual y entre en la sección "Dé el salto".
- Seleccione la prueba de Comprensión de lectura pulsando en el botón correspondiente.

RECORDAMOS

▶ Para hacer la prueba de Comprensión de lectura solo necesita su ordenador o computadora y conexión a internet.

▶ Seleccione las respuestas usando el ratón, y no las flechas del teclado, para evitar cambios indeseados.

▶ Una vez comenzada la prueba, no puede parar el tiempo. Tiene 60 minutos para responder a todas las tareas.

▶ Para terminar la prueba tiene que pasar por todas las tareas. Si no sabe o no quiere hacer alguna de las tareas, pulse el botón Siguiente hasta llegar a la pantalla final (Cierre).

Después de hacer la prueba, llega el momento de reflexionar. Debe pensar en cómo ha realizado la prueba y contestar a las preguntas de la tabla. ¿Debe mejorar algo?

Tareas	¿Ha hecho todas las tareas?	SÍ	NO
	¿Recordaba el orden y las características de las tareas?	SÍ	NO
	¿Y las instrucciones de cada una?	SÍ	NO
	¿Ha sido capaz de localizar la información útil para resolver la tarea?	SÍ	NO
Comprensión	¿Recordaba los tipos de texto que aparecen en cada tarea?	SÍ	NO
	¿Ha podido identificar los diferentes tipos de texto y sus características?	SÍ	NO
	¿Ha leído todos los textos de la misma manera?	SÍ	NO
	¿Ha leído todos los textos el mismo número de veces?	SÍ	NO
Respuestas	¿Recordaba el número y el tipo de respuestas de cada tarea?	SÍ	NO
	¿Ha respondido a todas las preguntas?	SÍ	NO
	¿Lo ha hecho en orden?	SÍ	NO

Tiempo	¿Ha tenido tiempo para hacer todas las tareas?		SÍ	NO
	¿Cuánto tiempo ha necesitado en total?		___ minutos
	¿Cómo ha distribuido el tiempo entre las tareas?	TAREA 1	___ minutos
		TAREA 2	___ minutos
		TAREA 3	___ minutos
		TAREA 4	___ minutos
		TAREA 5	___ minutos
	¿Ha reservado unos minutos al final de cada tarea para revisarla?		SÍ	NO

¡CONOZCA SU NIVEL!

¿Cuál ha sido la puntuación en la prueba de Comprensión de lectura? Puede comprobar su nivel en la siguiente tabla.

	ACIERTOS	CALIFICACIÓN	NIVEL
	0 – 4	0 – 32,99	< A1...
	5 – 9	33 – 65,99	A1
¿PUNTACIÓN?: _____/250	10 – 17	66 – 117,99	A2
	18 – 26	118 – 177,99	B1
	27 – 32	178 – 216,99	B2
	33 – 38	217 – 250	C1

Tengo que mejorar...

SERVICIO
INTERNACIONAL
DE EVALUACIÓN
DE LA LENGUA
ESPAÑOLA

UNIDAD 2
LA PRUEBA DE COMPRENSIÓN AUDITIVA

La prueba de Comprensión auditiva está formada por **seis tareas** y un total de **38 preguntas**.

Es importante conocer la estructura de la prueba, qué tareas la componen y qué tiene que hacer en cada tarea.

En esta unidad va a conocer:

▶ cómo es **la prueba** en general;
▶ cómo es cada una de **las tareas**.

Va a aprender cómo son las tareas, cómo se resuelven y va a practicar cada una de ellas.

Al final de la unidad, hay **una prueba completa** de Comprensión auditiva.

2.1. Cómo es la prueba de Comprensión auditiva

- La prueba de Comprensión auditiva mide sus habilidades para comprender la información de textos orales.
- En las distintas tareas, tiene que escuchar diferentes audios y contestar preguntas sobre la información que hay en ellos.
- En la siguiente tabla se resumen las características principales de las seis tareas:

	DURACIÓN	NIVEL	ÍTEMS	TEXTOS	NÚMERO DE ESCUCHAS
Tarea 1		A1	5	1 texto de 150-170 palabras	
Tarea 2		A2	5	5 textos de 250-275 palabras	
Tarea 3	55 minutos	B1	8	8 textos de 50-70 palabras	2
Tarea 4		B2	8	1 texto de 550-600 palabras	
Tarea 5		B2 - C1	6	1 texto de 450-500 palabras	
Tarea 6		C1	6	1 texto de 450-500 palabras	

ANTES DE REALIZAR LA PRUEBA DE COMPRENSIÓN AUDITIVA

Para hacer con éxito la prueba, debe saber cómo responder y administrar bien el tiempo disponible.

 CÓMO ES LA PANTALLA DEL SIELE

 UTILICE SIEMPRE EL RATÓN para desplazarse por las pruebas y tareas. El teclado puede cambiar sus respuestas.

 Reproduciendo... 02:38

TAREA: En la parte superior izquierda puede ver qué tarea está haciendo.

PRUEBA DE SONIDO: Antes de comenzar la CA, se realiza una prueba de sonido para comprobar que el sistema funciona correctamente.

REPRODUCCIÓN AUTOMÁTICA: Los audios se reproducen de manera automática. Al iniciar la prueba, comienza la reproducción y ya no puede detenerla. Es posible saltar la segunda reproducción si no quiere o no necesita volver a escuchar.

En esta prueba **NO PUEDE NAVEGAR ENTRE TAREAS**. Todas las tareas tienen **UNA SOLA PANTALLA**. Si pulsa el botón `Siguiente` al final de una tarea, no puede volver atrás.

PARA LA PRÁCTICA
Puede encontrar las transcripciones de los audios en la Extensión digital del manual. Recuerde que esta prueba mide la habilidad para escuchar y comprender información, por lo que es recomendable escuchar las tareas sin leer las transcripciones.

SABER CÓMO RESPONDER
Las tareas de la prueba de Comprensión auditiva contienen **38 preguntas en total**:

▸ Las tareas 1 y 2: cinco preguntas   ▸ Las tareas 3 y 4: ocho preguntas   ▸ Las tareas 5 y 6: seis preguntas.

Las preguntas tienen **solo una respuesta correcta**, que debe elegir seleccionando una opción entre todas las opciones de respuesta. Toda la información para responder correctamente está en los audios. Las respuestas incorrectas no quitan puntos. Antes de escuchar, es importante leer bien toda la información para intentar anticipar los contenidos del audio. Las instrucciones, las preguntas y las opciones de respuesta permiten imaginar qué se va a escuchar. No tiene que preocuparse si no escucha todas las respuestas la primera vez. Al final de la segunda escucha pasa automáticamente a la siguiente tarea, por lo que es importante **contestar a todas las preguntas**.

ADMINISTRAR EL TIEMPO
TIEMPO: 55 minutos

Para hacer la prueba de Comprensión auditiva, dispone de **un tiempo máximo de 55 minutos**, para las seis tareas. El tiempo lo administra la plataforma, por lo que usted no puede decidir cuánto tiempo emplear en cada una de ellas. Las tareas pasan automáticamente a menos que pulse antes en el botón `Siguiente` para continuar.

2.2. La Tarea 1 de CA
2.2.1. La Tarea 1 de CA: cómo es

En la Tarea 1 de la prueba de Comprensión auditiva tiene que escuchar una conversación dos veces y completar cinco frases breves eligiendo una palabra entre las 15 opciones disponibles.

Comprensión auditiva

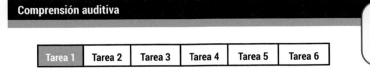

| **Tarea 1** | Tarea 2 | Tarea 3 | Tarea 4 | Tarea 5 | Tarea 6 |

Usted va a escuchar a una mujer, Isabel, que habla sobre la casa donde va a pasar las vacaciones con su familia.
Lea las cinco frases y elija la opción correcta para cada hueco.
Va a escuchar la conversación dos veces.
Ahora tiene 30 segundos para leer las frases.

> **INSTRUCCIONES:** En esta tarea hay una parte de las instrucciones que siempre cambia, porque dice quiénes son las personas que hablan y cuál es el tema.

> **AUDICIÓN:** En esta tarea va a escuchar la conversación dos veces seguidas.

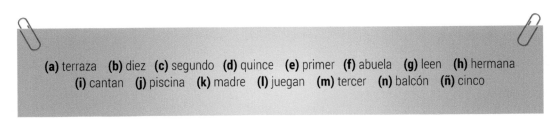

(a) terraza **(b)** diez **(c)** segundo **(d)** quince **(e)** primer **(f)** abuela **(g)** leen **(h)** hermana
(i) cantan **(j)** piscina **(k)** madre **(l)** juegan **(m)** tercer **(n)** balcón **(ñ)** cinco

 Reproduciendo... 00:16

1. La casa es de la ⎯Elija⎯ ⊕ de Isabel.
2. El cuarto de baño está en el ⎯Elija⎯ ⊕ piso.
3. Los hijos de Isabel ⎯Elija⎯ ⊕ en el jardín.
4. La casa no tiene ⎯Elija⎯ ⊕ .
5. Está situada a ⎯Elija⎯ ⊕ minutos a pie de playa.

> **¡ATENCIÓN!** Si pulsa [Siguiente] sale de la tarea y no puede volver a ella.

[Siguiente]

---

1. La casa es de la ⎯Elija⎯ ⊕ de Isabel.

Elija el fragmento correcto:

(a) terraza	**(b)** diez	**(c)** segundo
(d) quince	**(e)** primer	**(f)** abuela
(g) leen	**(h)** hermana	**(i)** cantan
(j) piscina	**(k)** madre	**(l)** juegan
(m) tercer	**(n)** balcón	**(ñ)** cinco

> **RESPUESTA:** Al pulsar en el botón ⎯Elija⎯ ⊕ , se abre la ventana en la que se ven las 15 opciones de respuesta.
>
> Debe seleccionar la respuesta correcta para cada hueco.

En la **Tarea 1** va a escuchar **una conversación informal** entre un hombre y una mujer.

Los **temas** de la conversación pueden ser:
▶ personales (relaciones personales, vida cotidiana...);
▶ públicos (lugares, actividades de tiempo libre y de ocio...).

En la **Tarea 1** debe **completar cinco frases** breves con la palabra o expresión que corresponde a cada hueco. Tiene 15 palabras entre las que elegir.

2.2.2. La Tarea 1 de CA: cómo se resuelve

Soluciones: pág. 7
en la Extensión digital

✷ ⁂ ACTIVIDAD 1

Lea las instrucciones de la tarea y observe las preguntas y las opciones de respuesta. En esta tarea normalmente hay tres opciones para cada hueco. Intente encontrarlas y relacionarlas entre sí y con la frase correspondiente (puede usar colores como en el ejemplo). La relación entre las opciones puede ser según la clase de palabra o por el significado. No escuche el audio todavía.

Usted va a escuchar a una chica, Sara, que habla por teléfono con su hermano Mateo sobre su nuevo trabajo. Lea las cinco frases y elija la opción correcta para cada hueco.

 Va a escuchar la conversación dos veces.
Ahora tiene 30 segundos para leer las frases.

(a) computadora	(b) policía	(c) tenis	(d) profesor	(e) baloncesto
(f) bueno	(g) autobús	(h) jefa	(i) metro	(j) tímido
(k) empresa	(l) bombero	(m) simpático	(n) coche	(ñ) fútbol

1. Sara dice que su _____ es vieja.
2. Mateo juega al _____.
3. Sara va a la oficina en _____.
4. La profesión de Pedro es _____.
5. Sara dice que el amigo de Mateo es _____.

CÓMO RESOLVER LA TAREA

▶ Lea las instrucciones. ¿Sabe qué personas van a hablar y cuál es el **tema de la conversación**?

▶ Primero debe leer las frases y buscar sus **palabras clave**. Qué clase de palabra (nombre, adjetivo, etc.) va en cada hueco?

▶ Lea las **15 opciones de respuesta**. Normalmente hay tres opciones para cada hueco y puede ser útil hacer grupos con las opciones según la clase de palabra (nombre, adjetivo, etc.) o según su significado (profesiones, medios de transporte, etc.). Esto le ayudará a tener una idea de qué opciones pueden ir en cada hueco.

▶ Durante la primera escucha:

  - Puede obtener una **idea general** del texto y de su información.
  - Puede escribir las **palabras o ideas clave** y después buscar alguna igual entre las opciones posibles.
  - Si escucha alguna respuesta puede seleccionarla.

▶ Durante la **segunda escucha** puede seleccionar el resto de sus respuestas. Esté atento a las palabras clave y recuerde que las preguntas o enunciados normalmente siguen el mismo orden que la información en el audio.

▶ Recuerde que todas las opciones de respuesta pueden parecer correctas porque repiten palabras del audio. Si tiene dudas, debe escuchar atentamente y **buscar información** para ver si las otras opciones de respuesta son falsas.

▶ Antes de avanzar, lea sus respuestas. ¿Ha contestado a todas las preguntas? Recuerde que después de la segunda escucha, pasa automáticamente a la siguiente tarea.

Aquí tiene la Tarea 1 resuelta: escuche la conversación de la Tarea 1 en la sección "Cómo se resuelve" de la Extensión digital del manual y fíjese en las respuestas correctas.

(a) ~~computadora~~	(b) policía	(c) tenis	(d) profesor	(e) baloncesto	(f) bueno	(g) ~~autobús~~	(h) jefa	
(i) metro	(j) ~~tímido~~	(k) empresa	(l) ~~bombero~~	(m) simpático	(n) coche	(ñ) ~~fútbol~~		

1. Sara dice que su **(a) computadora** es vieja.
2. Mateo juega al **(ñ) fútbol**.
3. Sara va a la oficina en **(g) autobús**.
4. La profesión de Pedro es **(l) bombero**.
5. Sara dice que el amigo de Mateo es **(j) tímido**.

Soluciones: pág. 7 en la Extensión digital

 ACTIVIDAD 2

Aquí tiene algunos fragmentos del audio. Léalos y vuelva a escuchar la audición. ¿Sabe qué dice exactamente? Escoja entre las dos opciones la que realmente se dice en el texto. ▶

1. Sara: La computadora de mi oficina tiene muchos años y la jefa es un poco antipática, pero **el horario es bueno/me gusta el horario** porque tengo tiempo para jugar al tenis por la tarde.

2. Mateo: ¡Eso está muy bien! Yo trabajo todo el día y **solo juego al fútbol los domingos/siempre juego al fútbol por la noche**. ¿Vas en coche?

3. Sara: No, siempre voy en autobús porque **tengo una parada al lado de mi casa/hay una parada muy cerca de la empresa**.

4. Mateo: ¡Bien! Mi amigo Pedro también va a venir porque su mujer es profesora del instituto.
Sara: ¿Pedro **el profesor/el policía**?
Mateo: Es bombero.

5. Sara: ¡Ah, bombero! Es **un señor/un chico** bastante tímido, ¿no?
Mateo: Sí, pero es muy simpático y su mujer también.

Soluciones: pág. 7 en la Extensión digital

ACTIVIDAD 3

Las frases de la Tarea 1 normalmente tienen palabras y expresiones muy frecuentes sobre temas como actividades, viajes, lugares, personas... Por ello, es muy útil conocer el vocabulario más frecuente para hacer mejor la tarea. A continuación tiene las restantes opciones de respuesta de la Tarea 1, vamos a seguir trabajando con ellas. ¿Sabe en qué frase van? Escriba cada palabra en el hueco correspondiente.

(b) policía	(c) tenis	(d) profesor	(e) baloncesto	(e) bueno
(h) jefa	(i) metro	(k) empresa	(m) simpático	(n) coche

1. Alberto es ____profesor____ de matemáticas.
2. Mi _____ está en el centro de la ciudad.
3. Paula va a trabajar en _____ para poder leer.
4. Ramón es un chico muy_____ y sociable.
5. Hugo quiere alquilar un _____ para ir a Portugal.
6. En el aeropuerto el _____ mira tu pasaporte.
7. Andrés y yo jugamos al _____ en pareja.
8. Quiero comprar un televisor _____ para el salón.
9. Mi _____ trabaja mucho, siempre está en la oficina.
10. Esta tarde voy a ver el _____ , juegan mis compañeros.

2.2.3. La Tarea 1 de CA: manos a la obra

Con lo aprendido en este apartado, escuche el audio de la Tarea 1 de CA en la sección "Manos a la obra" de la Extensión digital del manual siguiendo las instrucciones.

1) Lea las instrucciones y busque el tema.
2) Lea las preguntas o enunciados y busque las palabras clave. ¿Qué clase de palabra va en cada hueco?
3) Lea las palabras del banco de opciones para conocerlas.
4) Durante la primera escucha, puede hacerse una idea general sobre el audio. También puede tomar notas de lo que escucha.
5) Si puede, conteste a alguna pregunta.
6) Durante la segunda escucha, intente responder a todas las preguntas.
7) Lea sus respuestas y asegúrese de que ha respondido a todas las preguntas.

Comprensión auditiva

Tarea 1	Tarea 2	Tarea 3	Tarea 4	Tarea 5	Tarea 6

Usted va a escuchar a una chica, Diana, que habla por teléfono con su amigo Félix de un examen. Lea las cinco frases y elija la opción correcta para cada hueco.

Va a escuchar la conversación dos veces.
Ahora tiene 30 segundos para leer las frases.

> (a) las nueve   (b) la biblioteca   (c) un libro de ejercicios   (d) la tienda   (e) las diez   (f) el fútbol
>
> (g) el baloncesto   (h) un diccionario de inglés   (i) la estación   (j) el domingo   (k) el viernes
>
> (l) una computadora portátil   (m) el tenis   (n) el lunes   (ñ) las doce

1. El examen es a _____.
2. Diana va hoy a _____ con su padre.
3. La hermana de Félix tiene _____.
4. Félix y Diana van a hacer deporte _____.
5. El deporte que más le gusta a Félix es _____.

Sus notas:

_____

_____

_____

_____

_____

_____

Soluciones: pág. 7
en la Extensión digital

2.3. La Tarea 2 de CA
2.3.1. La Tarea 2 de CA: cómo es

En la Tarea 2 de la prueba de Comprensión auditiva tiene que escuchar cinco anuncios o noticias dos veces y contestar a cinco preguntas eligiendo la respuesta correcta entre tres opciones disponibles.

Comprensión auditiva

| Tarea 1 | Tarea 2 | Tarea 3 | Tarea 4 | Tarea 5 | Tarea 6 |

> **INSTRUCCIONES:** En esta tarea las instrucciones siempre son iguales.

Usted va a escuchar cinco anuncios o noticias de radio. Elija la opción correcta para cada una de las cinco preguntas.

Va a escuchar los anuncios o noticias dos veces.

Ahora tiene 30 segundos para leer las preguntas.

> **AUDICIÓN:** En esta tarea va a escuchar cada anuncio o noticia dos veces seguidas.

Reproduciendo... 00:28

1. Si participa en el concurso de radio puede...

○ ganar un disco. ○ conocer a un cantante. ○ ir gratis a un concierto.

2. El club ¡Chévere! organiza actividades...

○ para jóvenes. ○ por las mañanas. ○ durante toda la semana.

3. La tienda Supermueble...

○ va a cambiar de lugar. ○ vende muebles modernos. ○ tiene precios más bajos.

4. En este anuncio se hace publicidad de...

○ un viaje. ○ una película. ○ un libro.

5. La exposición *El dibujo manga japonés*...

○ se abre el próximo martes. ○ va a estar más tiempo en la ciudad. ○ ha recibido la visita de dos mil jóvenes.

Siguiente

> **RESPUESTA:** Debe seleccionar la respuesta correcta entre las tres opciones.

> **¡ATENCIÓN!** Si pulsa Siguiente, sale de la tarea y no puede volver a ella.

En la **Tarea 2** va a escuchar **anuncios o noticias** breves sobre temas cercanos o personales.

Los **temas** de los anuncios son temas públicos relacionados con:
▸ actividades de la vida cotidiana;
▸ lugares y viajes (medios de transporte y destinos, lugares...);
▸ tiempo libre y entretenimiento;
▸ espectáculos y exposiciones (horarios, temas de exposiciones...);
▸ música, cine y teatro (horarios, giras de conciertos...).

En la **Tarea 2** debe **completar cinco frases o enunciados** escogiendo la opción correcta entre tres opciones posibles.

ACTIVIDAD 1

En la Tarea 2 se escuchan cinco anuncios o noticias breves y hay que contestar a cinco preguntas sobre ellos. Escúchelos en la sección "Cómo se resuelve" de la Extensión digital del manual sin responder a las preguntas. Solo tiene que relacionar cada anuncio con la imagen correspondiente. ▶

Audio 1	Audio 2	Audio 3	Audio 4	Audio 5
A C	**B**	**C**	**D**	**E**

Feria del libro

ACTIVIDAD 2

A continuación tiene las instrucciones y las preguntas de la Tarea 2. Lea las cinco preguntas y relaciónelas con sus opciones de respuesta. Para ello, fíjese en el vocabulario y en las palabras clave de las diferentes opciones de respuesta.

1. Según el anuncio, la empresa de autobuses Larra...

- ○ puedes ver a algunos escritores.
- ○ las bibliotecas abren por la noche.
- ○ hay lectura de cuentos para los niños.

2. En el anuncio se dice que Vuelapizza...

- ○ también hay clases de natación para niños.
- ○ cada actividad tiene un precio diferente.
- ○ hacen excursiones todos los fines de semana.

3. En la Feria del Libro...

- ○ hace excursiones a cuarenta ciudades.
- ○ ha bajado el precio para ir a la playa.
- ○ regala viajes a los niños y a los jóvenes.

4. Si compras la entrada de 30 euros, puedes...

- ○ te da tres *pizzas* cuando compras dos.
- ○ lleva *pizzas* a tu casa todos los miércoles.
- ○ regala el postre a los estudiantes con tarjeta.

5. En el Gimnasio Olympia...

- ○ entrar a las piscinas.
- ○ ver todos los conciertos.
- ○ dormir en el *camping*.

CÓMO RESOLVER LA TAREA

▶ **Lea las instrucciones** y asegúrese de que sabe qué tiene que hacer y cómo: ¿cuántas veces va a escuchar los cinco audios? ¿Cómo se repiten?

▶ Durante los primeros segundos, **lea las preguntas y las opciones de respuesta**. Busque las palabras clave.

▶ Después, debe centrar su atención únicamente en la pregunta correspondiente al audio que está escuchando.

Aquí tiene la Tarea 2 resuelta: escuche los audios de nuevo y observe las respuestas correctas.

1. Según el anuncio, la empresa de autobuses Larra...

○ hace excursiones a cuarenta ciudades.   ● **ha bajado el precio para ir a la playa.**   ○ regala viajes a los niños y a los jóvenes.

2. En el anuncio se dice que Vuelapizza...

○ te da tres *pizzas* cuando compras dos.   ○ lleva *pizzas* a tu casa todos los miércoles.   ● **regala el postre a los estudiantes con tarjeta.**

3. En la Feria del Libro...

● **puedes ver a algunos escritores.**   ○ las bibliotecas abren por la noche.   ○ hay lectura de cuentos para los niños.

4. Si compras la entrada de 30 euros, puedes...

○ entrar a las piscinas.   ● **ver todos los conciertos.**   ○ dormir en el *camping*.

5. En el Gimnasio Olympia...

● **también hay clases de natación para niños.**   ○ cada actividad tiene un precio diferente.   ○ hacen excursiones todos los fines de semana.

Soluciones: pág. 8
en la Extensión digital

ACTIVIDAD 3

¿Qué dice cada anuncio? Vuelva a escuchar los anuncios de la Tarea 2 y complete la tabla con la información concreta sobre el contenido de cada uno de ellos.

	¿Qué anuncia?	¿A quién se dirige?	¿Dónde es?	¿Cuándo es?	¿Cuánto cuesta?
Anuncio 1	viajes en autobús	✕			
Anuncio 2					
Anuncio 3					
Anuncio 4			✕		
Anuncio 5				✕	

▶ Durante la **primera escucha**, intente hacerse una idea general del audio. ¿Qué tipo de texto es? ¿Qué información aporta? ¿Reconoce las palabras clave? Si puede, conteste a alguna pregunta de la tarea.

▶ Recuerde que puede **tomar notas** en la primera escucha. Si en sus notas recoge la información dada, va a ser más fácil después elegir la respuesta correcta o descartar las falsas comparando las palabras que ha escrito y las de las opciones.

▶ Durante la **segunda escucha**, responda a las preguntas restantes e intente comprobar sus respuestas. Verifique que escucha las palabras y expresiones adecuadas.

▶ **Compruebe** que ha respondido a cada pregunta.

2.3.3. La Tarea 2 de CA: manos a la obra

Con lo aprendido en este apartado, escuche el audio de la Tarea 2 de CA en la sección "Manos a la obra" de la Extensión digital del manual siguiendo las instrucciones.

Soluciones: pág. 8 en la Extensión digital

1) Lea las instrucciones y asegúrese de que sabe cómo es la reproducción de los anuncios.
2) Lea las preguntas o enunciados y busque las palabras clave. Trabaje cada audio de forma independiente.
3) Durante la primera escucha, trate de obtener una idea general sobre el contenido del audio y su información.
4) Si puede, elija la opción correcta o descarte aquellas que cree que son falsas.
5) Durante la segunda escucha, compruebe si el audio da la información exacta de la respuesta que ha seleccionado.
6) Al final, asegúrese de que ha respondido a todas las preguntas.

Comprensión auditiva

Tarea 1	Tarea 2	Tarea 3	Tarea 4	Tarea 5	Tarea 6

Usted va a escuchar cinco anuncios o noticias de radio. Elija la opción correcta para cada una de las cinco preguntas.

Va a escuchar los anuncios o noticias dos veces.
Ahora tiene 30 segundos para leer las preguntas.

1. En el anuncio se dice que el hotel tiene...

a) visitas a las playas del Río de la Plata.
b) transporte del aeropuerto al hotel.
c) habitaciones dobles y pensión completa.

2. El anuncio dice que la exposición...

a) está en Argentina ahora.
b) es de fotografías de la naturaleza.
c) abre todos los días por la tarde.

3. Según el anuncio, la empresa Hispauto alquila coches...

a) en una ciudad de la costa.
b) por menos de 16 euros al día.
c) grandes y pequeños.

4. Según el anuncio,...

a) puedes tener Latisonic durante un mes sin pagar.
b) necesitas Internet para poder tener Latisonic.
c) hay que pagar 10 euros al año para tener Latisonic.

5. Según el anuncio, el Centro Comercial Ocio...

a) es para los que tienen tarjeta.
b) cierra a las 10 de la noche.
c) hace regalos a algunos clientes.

Sus notas:

_____
_____
_____
_____
_____
_____
_____

2.4. La Tarea 3 de CA
2.4.1. La Tarea 3 de CA: cómo es

En la Tarea 3 de la prueba de Comprensión auditiva tiene que escuchar ocho monólogos dos veces y relacionarlos con el enunciado correspondiente.

Comprensión auditiva

| Tarea 1 | Tarea 2 | Tarea 3 | Tarea 4 | Tarea 5 | Tarea 6 |

INSTRUCCIONES: En esta tarea hay una parte de las instrucciones que siempre cambia, porque dice cuál es el tema del que se va a hablar.

Usted va a escuchar a ocho personas que hablan sobre el día de su boda. Elija la frase que corresponde a cada persona.

Va a escuchar a cada persona dos veces.

Ahora tiene 30 segundos para leer las frases.

AUDICIÓN: En esta tarea va a escuchar cada monólogo dos veces seguidas.

(a) Se celebró en un barco.   (b) Hubo personas de varios países.   (c) Tuvo lugar en el campo.
(d) Hubo una orquesta.   (e) Resultó un desastre.   (f) Llovió mucho.   (g) Fue en su pueblo.
(h) El novio no llegó puntual.   (i) Disfrutó de la luna de miel.   (j) La novia lloró mucho.   (k) Fue un éxito.

 Reproduciendo... 00:10

Persona 1: -Elija- ⊕
Persona 2: -Elija- ⊕
Persona 3: -Elija- ⊕
Persona 4: -Elija- ⊕
Persona 5: -Elija- ⊕
Persona 6: -Elija- ⊕
Persona 7: -Elija- ⊕
Persona 8: -Elija- ⊕

¡ATENCIÓN! Si pulsa Siguiente , sale de la tarea y no puede volver a ella.

RESPUESTA: Al pulsar en el botón -Elija- ⊕ , abre la ventana en la que se ven las 11 opciones de respuesta. Debe seleccionar la respuesta correcta.

Siguiente

Persona 1:

Elija el fragmento correcto:

(a) Se celebró en un barco.	(b) Hubo personas de varios paises.	(c) Tuvo lugar en el campo.
(d) Hubo una orquesta.	(e) Resultó un desastre.	(f) Llovió mucho.
(g) Fue en su pueblo.	(h) El novio no llegó puntual.	(i) Disfrutó de la luna de miel.
(j) La novia lloró mucho.	(k) Fue un éxito.	

En la **Tarea 3** va a escuchar **ocho monólogos breves** que cuentan anécdotas o experiencias personales sobre un mismo tema. Los hablantes siempre son cuatro hombres y cuatro mujeres, y los escucha de manera intercalada (siguiendo un orden alternativo entre hombre y mujer).

Los **temas** normalmente son:
- personales (experiencias personales, relaciones con otras personas...);
- públicos (servicios, vivienda, viajes, ocio...);
- profesionales (trabajo, sociedad...).

En la **Tarea 3** debe **relacionar cada audio con el enunciado correspondiente** entre los 11 propuestos. Recuerde que tres de los enunciados no se corresponden con ninguno de los audios.

2.4.2. La Tarea 3 de CA: cómo se resuelve

Soluciones: pág. 8 en la Extensión digital

 **ACTIVIDAD 1**

En la Tarea 3 las instrucciones siempre presentan el tema del que hablan las personas. Sin embargo, en esta ocasión falta esa parte de las instrucciones. ¿Puede completarlas? Lea los 11 enunciados de la tarea y trate de adivinar cuál es el tema común de todos ellos.

Usted va a escuchar a ocho personas que hablan sobre _____. Elija la frase que corresponde a cada persona.

(a) Se trataba de una fiesta para niños. (b) Había gente que había conocido en el colegio. (c) Se casaba un familiar.

(d) No llegó a tiempo a la fiesta. (e) Antes no soportaba las fiestas. (f) Era la única persona sin vestir como debía.

(g) Era su aniversario de boda. (h) En la fiesta conoció a su pareja actual. (i) La fiesta se celebró en su lugar de trabajo.

(j) Fue una reunión familiar. (k) Tomó algunas fotografías.

Soluciones: pág. 8 en la Extensión digital

 **ACTIVIDAD 2**

En la Tarea 3 puede ocurrir que algunas ideas o palabras aparezcan en varios monólogos. Por eso, es importante escuchar el audio completo y no precipitarse al responder. A continuación escuche los audios de la Tarea 3 en la sección "Cómo se resuelve" de la Extensión digital del manual y escriba debajo de cada fotografía los números de los monólogos en los que se habla de esas ideas.

a) Personas 2, 3, 5.　b)　c)　d)

e)　f)　g)　h)

i)　j)　k)　l)

m)　n)　ñ)　o)

Prepárese para el SIELE

Comprensión auditiva

Tarea 3

CÓMO RESOLVER LA TAREA

▶ Lea las instrucciones y asegúrese de que sabe cómo es la tarea y qué tiene que hacer en ella. ¿Cuál es el **tema común** del que van a hablar las personas?

▶ Lea los **enunciados** y fíjese en las palabras clave de cada uno de ellos. Es importante familiarizarse con todas las opciones antes de comenzar la escucha.

▶ Durante la **primera escucha**:

- Trate de tener una idea general de lo que dice cada persona. Escuche el audio completo antes de elegir un enunciado.

- Puede tomar notas de las ideas principales. Después, puede comparar sus notas con los enunciados y elegir el que coincide con el audio.

- Si escucha palabras similares a las que lee, no asigne rápidamente un enunciado. Normalmente los audios contienen palabras presentes en más de un enunciado. Tenga paciencia y escuche el audio entero para buscar el enunciado correcto.

▶ Utilice la **segunda escucha** para comprobar su respuesta. Asegúrese de que el audio solo repite palabras aisladas de los otros enunciados y que coincide con el sentido del enunciado elegido.

▶ **Compruebe** que ha completado toda la tarea.

Aquí tiene la Tarea 3 resuelta: escuche de nuevo los monólogos y fíjese en las respuestas correctas.

(a) ~~Se trataba de una fiesta para niños.~~ (b) ~~Había gente que había conocido en el colegio.~~ (c) Se casaba un familiar.
(d) ~~No llegó a tiempo a la fiesta.~~ (e) ~~Antes no soportaba las fiestas.~~ (f) Era la única persona sin vestir como debía.
(g) ~~Era su aniversario de boda.~~ (h) ~~En la fiesta conoció a su pareja actual.~~ (i) ~~La fiesta se celebró en su lugar de trabajo.~~
(j) ~~Fue una reunión familiar.~~ (k) Tomó algunas fotografías.

Persona 1: **(j) Fue una reunión familiar.**
Persona 2: **(g) Era su aniversario de boda.**
Persona 3: **(e) Antes no soportaba las fiestas.**
Persona 4: **(d) No llegó a tiempo a la fiesta.**
Persona 5: **(h) En la fiesta conoció a su pareja actual.**
Persona 6: **(i) La fiesta se celebró en su lugar de trabajo.**
Persona 7: **(a) Se trataba de una fiesta para niños.**
Persona 8: **(b) Había gente que había conocido en el colegio.**

 Soluciones: pág. 8
en la Extensión digital

ACTIVIDAD 3

Aquí tiene algunos fragmentos de lo dicho por las personas de los audios. ¿Sabe quién dijo cada cosa? Relacione cada persona con el fragmento que dice. Después, escuche los audios y compruebe sus respuestas.

Persona 1: (j) Fue una reunión familiar.

Persona 2: (g) Era su aniversario de boda.

Persona 3: (e) Antes no soportaba las fiestas.

Persona 4: (d) No llegó a tiempo a la fiesta.

Persona 5: (h) En la fiesta conoció a su pareja actual.

Persona 6: (i) La fiesta se celebró en su lugar de trabajo.

Persona 7: (a) Se trataba de una fiesta para niños.

Persona 8: (b) Había gente que había conocido en el colegio.

"... uno de mis compañeros de curso me presentó a su hermana, y, como me pareció muy simpática, me pasé toda la noche hablando con ella..."

"... nunca antes había ido a una reunión de exalumnos de mi escuela, pero tengo que decir que fue una de las mejores fiestas de mi vida..."

"... el sábado pasado fuimos a la fiesta de fin de curso de la guardería a la que va mi hijo. Lo pasamos muy bien..."

"... mi prima Carmen celebró una fiesta muy especial con todos los primos. Me gustó mucho; era la primera vez que estábamos todos juntos..."

"... no encontré ningún taxi y llegué cuando la fiesta ya estaba acabando..."

"... antes no solía ir a fiestas; las odiaba. Iba a alguna boda solo por compromiso..."

"... el verano pasado hicimos una fiesta para celebrar que llevábamos un año casados. No lo pensamos con mucho tiempo..."

"... era mi último día y salí de casa un poco tarde. Cuando llegué a mi despacho, me encontré una fiesta que no me esperaba..."

2.4.3. La Tarea 3 de CA: manos a la obra

Con lo aprendido en este apartado, escuche el audio de la Tarea 3 de CA en la sección "Manos a la obra" de la Extensión digital del manual siguiendo las instrucciones.

1) Lea las instrucciones para conocer el tema común a todos los audios y saber cuántas y cómo son las escuchas.
2) Lea todos los enunciados y busque sus palabras clave.
3) Realice una primera escucha completa para captar la idea general. Tome notas sobre las ideas clave del audio y, si puede, escoja alguna respuesta.
4) No se precipite: no seleccione rápidamente el enunciado al escuchar palabras concretas.
5) Emplee la segunda escucha para completar sus respuestas y comprobar las elegidas.
6) Pase al siguiente audio y trabaje cada uno de forma independiente.
7) Al final, compruebe que ha respondido a todas las preguntas.

Comprensión auditiva					
Tarea 1	Tarea 2	Tarea 3	Tarea 4	Tarea 5	Tarea 6

Usted va a escuchar a ocho personas que hablan sobre un espectáculo que han visto. Elija la frase que corresponde a cada persona. ▶

 Va a escuchar a cada persona dos veces.

Ahora tiene 30 segundos para leer las frases.

(a) Se fue antes del final. (b) Tuvo un accidente de tráfico. (c) Llegó con retraso. (d) Perdió algo en el espectáculo.
(e) La entrada fue muy cara. (f) Fue con uno de sus amigos. (g) Se aburrió mucho. (h) Conoció a alguien allí.
(i) Las entradas se habían acabado. (j) Discutió con alguien. (k) El espectáculo empezó tarde.

Persona 1: --Elija-- ⊕
Persona 2: --Elija-- ⊕
Persona 3: --Elija-- ⊕
Persona 4: --Elija-- ⊕
Persona 5: --Elija-- ⊕
Persona 6: --Elija-- ⊕
Persona 7: --Elija-- ⊕
Persona 8: --Elija-- ⊕

Soluciones: pág. 8
en la Extensión digital

Sus notas:

_____

_____

_____

_____

_____

_____

_____

_____

2.5. La Tarea 4 de CA

2.5.1. La Tarea 4 de CA: cómo es

En la Tarea 4 de Comprensión auditiva tiene que escuchar dos veces una entrevista y contestar a ocho preguntas sobre su contenido eligiendo la respuesta correcta entre tres opciones disponibles.

Comprensión auditiva

Tarea 1	Tarea 2	Tarea 3	Tarea 4	Tarea 5	Tarea 6

> **INSTRUCCIONES:** En esta tarea hay una parte de las instrucciones que siempre cambia, porque dice quién es la persona entrevistada.

Usted va a escuchar, en versión locutada, una entrevista a Pablo Moreno, un empresario mexicano. Elija la opción correcta para cada una de las ocho preguntas.

Va a escuchar la entrevista dos veces.

Ahora tiene 45 segundos para leer las preguntas.

> **AUDICIÓN:** En esta tarea va a escuchar la entrevista dos veces seguidas.

Reproduciendo... 00:04

1. El director de AMPM dice que su empresa...

○ fue muy original cuando apareció.　　○ fue la primera de ámbito nacional.　　○ es la que más mensajeros tiene del país.

2. La idea de crear la empresa de mensajería AMPM nació cuando el entrevistado...

○ acababa de licenciarse.　　○ estudiaba en la universidad.　　○ trabajaba en el servicio postal.

3. Según Pablo Moreno, para montar un negocio es esencial...

○ disponer de un buen proyecto.　　○ contar con recursos económicos.　　○ tener espíritu innovador.

4. El entrevistado dice que AMPM...

○ está administrada por tres ejecutivos.　　○ tiene contratadas a unas dos mil personas.　　○ atiende a más de diez millones de clientes.

5. Según el entrevistado, uno de los principales problemas de AMPM era...

○ la falta de formación de los trabajadores.　　○ el número de bajas por accidentes de moto.　　○ los bajos sueldos de los empleados.

6. Pablo Moreno dice que uno de los objetivos de la escuela de mensajeros de AMPM es...

○ reducir las ausencias de personal.　　○ identificar a posibles trabajadores.　　○ aumentar la actividad de la plantilla.

7. La satisfacción de los trabajadores de AMPM se debe...

○ a la duración del contrato.　　○ a la pensión de jubilación.　　○ al reparto de los beneficios.

8. Otro de los aspectos que AMPM ofrece a sus trabajadores es...

○ el contacto con el resto de miembros de la compañía.　　○ la oportunidad de trabajar en una empresa que mejora cada día.　　○ la posibilidad de conseguir un puesto de trabajo mejor.

`Siguiente`

> **RESPUESTA:** Debe **seleccionar la respuesta correcta** entre las tres opciones.

En la **Tarea 4** va a escuchar una entrevista de radio o televisión en la que participan un hombre y una mujer.

Los **temas** de los que habla la entrevista normalmente son:

▶ académicos (lengua y literatura; ciencia y tecnología; geografía y naturaleza...);
▶ profesionales (trabajo, economía e industria; política y sociedad; ocio y tiempo libre; viajes y transportes).

Los textos de esta tarea pertenecen a **diferentes variedades lingüísticas** del mundo hispánico.

> **¡ATENCIÓN!** Si pulsa `Siguiente` sale de la tarea y no puede volver a ella.

En la **Tarea 4** debe **contestar a ocho preguntas** eligiendo la respuesta correcta entre tres opciones posibles.

Soluciones: pág. 8
en la Extensión digital

ACTIVIDAD 1

En las instrucciones de esta tarea siempre se presenta a la persona entrevistada. Conocer esta información puede ser útil para imaginar o anticipar qué contenidos pueden aparecer en el audio. A continuación, lea las instrucciones de la Tarea 4 en la siguiente actividad y conteste:

- ¿Quién es la persona entrevistada? ¿A qué se dedica?
- ¿Cuáles cree usted que van a ser los temas de los que hable en la entrevista?
- ¿Qué vocabulario piensa que puede aparecer en el audio?

Soluciones: pág. 8
en la Extensión digital

ACTIVIDAD 2

El audio de la Tarea 4 es una entrevista extensa en la que se da la información para responder a las ocho preguntas de la tarea. Las preguntas siguen el orden en el que aparece la información en el audio. A continuación, tiene las preguntas de la tarea desordenadas. Escuche la entrevista en la sección "Cómo se resuelve" de la Extensión digital del manual e indique el orden de las preguntas escribiendo a la izquierda de cada pregunta el número del 1 al 8 que corresponda.

Usted va a escuchar, en versión locutada, una entrevista a Laura de la Uz, una actriz cubana. Elija la opción correcta para cada una de las ocho preguntas

Va a escuchar la entrevista dos veces.
Ahora tiene 45 segundos para leer las preguntas.

___ a) La actriz desea que la película *Vestido de novia*...

- ○ le guste al público del festival de cine.
- ○ se proyecte en otras ciudades de Andalucía.
- ● **gane un premio en el Festival de Málaga.**

___ b) La entrevistada explica que la película *Vestido de novia*...

- ○ presenta un acontecimiento histórico.
- ● **está basada en hechos reales.**
- ○ cuenta la historia de varias mujeres.

___ c) Con respecto a su carrera como actriz, la entrevistada comenta que...

- ● **ha tenido mucha suerte.**
- ○ los premios le importan poco.
- ○ actuar le resulta un trabajo sencillo.

___ d) En cuanto a su última película, *Espejuelos oscuros*, la actriz dice que...

- ○ se empezará a rodar dentro de poco tiempo.
- ○ está protagonizada por Jessica Rodríguez.
- ● **le gustaría que participara en el Festival de Málaga.**

___ e) Sobre su actuación en la película *Vestido de novia*, la actriz cuenta que...

- ● **tuvo que prepararse mucho.**
- ○ pidió ayuda a dos actores famosos.
- ○ ya había trabajado con sus compañeros.

_1_ f) La actriz comienza la entrevista diciendo que...

- ● **había visitado Málaga por motivos personales.**
- ○ había participado en otras ediciones del Festival.
- ○ tenía muchas ganas de rodar en Andalucía.

___ g) Según la actriz, la nueva ley del cine de Cuba...

- ○ tiene en contra a algunos directores.
- ● **ayudará al cine independiente.**
- ○ ha sido aprobada recientemente.

___ h) La actriz cuenta que Marilyn Solaya...

- ○ fue la primera mujer directora de cine en Cuba.
- ○ ha animado a otras mujeres a hacer cine.
- ● **cuenta con una sola película en el mercado.**

 Aquí tiene la Tarea 4 resuelta: escuche, de nuevo, el audio y observe las respuestas.

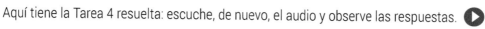

Prepárese para el SIELE

Comprensión auditiva

Tarea 4

CÓMO RESOLVER LA TAREA

▶ Lea las instrucciones y descubra quién es la **persona entrevistada**. ¿Qué espera escuchar?

▶ Lea las preguntas y las opciones de respuesta. Busque las **palabras clave**. ¿Puede predecir algo sobre la respuesta?

▶ Escuche y trate de obtener la información para cada pregunta. Puede **tomar notas** sobre las principales ideas que escucha para después comparar con las opciones de respuesta.

▶ Recuerde que las preguntas siguen el **orden** de la información en el audio. Si no descubre la respuesta a una pregunta, siga escuchando y trate de obtener la información para la siguiente. Tiene una nueva oportunidad en la segunda escucha.

▶ Puede no escuchar la información necesaria para seleccionar la opción correcta, pero sí encontrar claves para **descartar las falsas**.

▶ Emplee la **segunda escucha** para comprobar sus respuestas y completar las que faltan.

▶ **Compruebe** que ha respondido a cada pregunta.

Soluciones: pág. 8
en la Extensión digital

 **ACTIVIDAD 3**

En cada una de sus respuestas, la actriz Laura de la Uz habla sobre un tema planteado en la pregunta. ¿Qué dice sobre cada uno de ellos? Vuelva a escuchar el audio y escriba en los recuadros lo que dice Laura.

Andalucía:
- Ya la conocía porque su pareja es de Andalucía.
- Es la primera vez que viene a presentar una película.
- Es la primera vez que la entrevistan en Andalucía.

Premios:

Película *Vestido de novia*:

Argumento *Vestido de novia*:

Directora Marilyn Solaya:

Acogida del público:

Ley de cine en Cuba:

Nuevos proyectos:

Preparese para el SIELE

Comprensión auditiva

Tarea 4

2.5.3. La Tarea 4 de CA: manos a la obra

Con lo aprendido en este apartado, escuche el audio de la Tarea 4 de CA en la sección "Manos a la obra" de la Extensión digital del manual siguiendo las instrucciones.

Soluciones: pág. 8 en la Extensión digital

1) Lea las instrucciones y descubra la identidad de la persona entrevistada.
2) Lea las preguntas y opciones de respuesta. Busque las palabras clave.
3) Durante la primera escucha trate de localizar la información que responde a cada pregunta. Tome notas.
4) Elija la opción de respuesta correcta según las ideas y notas o puede descartar las falsas.
5) Emplee la segunda escucha para comprobar sus respuestas y completar las que faltan.
6) Compruebe que ha respondido a todas las preguntas.

Comprensión auditiva

Tarea 1	Tarea 2	Tarea 3	Tarea 4	Tarea 5	Tarea 6

Usted va a escuchar, en versión locutada, una entrevista a Dolores Avendaño, una dibujante y atleta argentina. Elija la opción correcta para cada una de las ocho preguntas. ▶

Va a escuchar la entrevista dos veces.

Ahora tiene 45 segundos para leer las preguntas.

1. Cuando era niña, Dolores Avendaño...

a) era muy introvertida.	b) estaba acomplejada.	c) tenía poco carácter.

2. La entrevistada dice que de pequeña...

a) no sabía a qué se dedicaría de adulta.	b) pasaba muchas horas observando dibujos.	c) se fijaba poco en la parte escrita de los libros.

3. Según la artista, cuando era adolescente...

a) cambiaba de amistades con cierta frecuencia.	b) tenía dificultades para integrarse en los grupos.	c) se dio cuenta de que quería dedicarse a la enseñanza.

4. Dolores Avendaño es aficionada a las maratones porque...

a) en su instituto esta práctica era popular.	b) su universidad contaba con un equipo.	c) vivió cerca de lugares con tradición atlética.

5. La entrevistada vivió un momento difícil en la universidad porque...

a) un maestro le recomendó cambiar de carrera.	b) perdió la ilusión y la pasión por el dibujo.	c) comprendió que su nivel no era suficiente para aprobar.

6. Según la artista, para realizar los dibujos de un libro es importante...

a) conocer el tema del libro y recoger datos.	b) ponerse en el lugar de los personajes.	c) visitar los lugares que aparecen en el libro.

7. Como profesora de universidad, Dolores Avendaño...

a) da mucha importancia a la motivación de los alumnos.	b) suele contar con grupos de estudiantes homogéneos.	c) analiza los aspectos negativos de sus estudiantes.

8. Según la audición, la entrevistada tiene éxito porque...

a) ha desarrollado una carrera estable.	b) confía por completo en sus capacidades.	c) se ha enfrentado a pocos problemas.

Sus notas:

_____

_____

_____

_____

2.6. La Tarea 5 de CA
2.6.1. La Tarea 5 de CA: cómo es

En la Tarea 5 de la prueba de Comprensión auditiva tiene que escuchar dos veces una conferencia dividida en seis fragmentos y elegir para cada fragmento el enunciado que contiene una idea mencionada en el audio.

Comprensión auditiva

Tarea 1	Tarea 2	Tarea 3	Tarea 4	Tarea 5	Tarea 6

INSTRUCCIONES: En esta tarea hay una parte de las instrucciones que siempre cambia, porque dice quién es el conferenciante y cuál es el tema de la conferencia.

Usted va a escuchar, en versión locutada, seis fragmentos de una conferencia del filósofo argentino Néstor García Canclini titulada *La radio aclara ciertas dudas*. Va a escuchar los fragmentos de la conferencia dos veces. Elija, para cada fragmento, la opción que contenga una de las ideas mencionadas.

Ahora tiene 45 segundos para leer las preguntas.

AUDICIÓN: Va a escuchar los audios dos veces. En esta tarea va a escuchar todos los fragmentos (del 1 al 6) seguidos para tener una idea de la conferencia completa. Los va a escuchar dos veces.

 Reproduciendo... 00:04

Fragmento 1

- Los medios de comunicación acaban suplantándose los unos a los otros.
- Los avances tecnológicos tienen una gran influencia en las artes visuales.
- Los antiguos medios perviven pese a la irrupción de los más nuevos.

Fragmento 2

Fragmento 3

Fragmento 4

Fragmento 5

- Parece que el ser humano requiere escuchar a otras personas.
- La cultura visual ha sido el motor de todo tipo de cambios.
- La literatura también ha sufrido el impacto de los medios visuales.

RESPUESTA: Debe seleccionar la respuesta correcta entre las tres opciones.

Fragmento 6

- La radio digital será determinante en un futuro no muy lejano.
- La radio se adapta bien a diversos entornos y funciones.
- Varios expertos coinciden en su percepción negativa sobre la radio .

Siguiente

¡ATENCIÓN! Si pulsa Siguiente, sale de la tarea y no puede volver a ella.

En la **Tarea 5** va a escuchar conferencias, discursos o presentaciones realizadas por una persona sobre un tema especializado.

Los **temas** pueden ser:
- académicos (lengua y literatura; ciencia y tecnología; geografía y naturaleza...);
- profesionales (trabajo, economía e industria; política y sociedad...).

Los textos de esta tarea pertenecen a **diferentes variedades lingüísticas** del mundo hispánico.

En la **Tarea 5** debe **seleccionar un enunciado** que contiene una de las ideas mencionadas en el audio entre tres opciones posibles para cada fragmento.

2.6.2. La Tarea 5 de CA: cómo se resuelve

Soluciones: pág. 9
en la Extensión digital

 ACTIVIDAD 1

A continuación tiene una Tarea 5 desordenada. Lea las instrucciones y los enunciados, y familiarícese con sus contenidos. Después, escuche el audio en la sección "Cómo se resuelve" de la Extensión digital del manual. ¿Sabe a qué fragmento corresponden los enunciados? Escriba el número del fragmento (1-6) junto a los enunciados que le corresponden.

Usted va a escuchar, en versión locutada, seis fragmentos de una conferencia del físico y divulgador científico español Manuel Toharia sobre las estrellas y su influencia en el comportamiento del hombre. Elija, para cada fragmento, la opción que contenga una de las ideas mencionadas.

Va a escuchar los fragmentos de la charla dos veces.

Ahora tiene 45 segundos para leer las opciones.

Fragmento ___
- ● **Aún en nuestros días, la inocencia sigue caracterizando a las creencias astrológicas.**
- ○ Los hechos en nuestra vida están causados por nuestros comportamientos.
- ○ Tendemos a consultar e interpretar los signos del zodiaco para conocer el porvenir.

Fragmento 1
- ○ En los últimos años parece que la astrología ha perdido popularidad.
- ○ La astronomía y la astrología se originaron en épocas históricas distintas.
- ● **El concepto de astrología se ha ido modificando desde sus orígenes hasta la actualidad.**

Fragmento ___
- ● **El hombre se despreocupa de encontrar razones objetivas para los acontecimientos de su vida.**
- ○ Conocer el futuro a través de los astros puede anticipar la toma de decisiones.
- ○ Las explicaciones astrológicas suelen construirse a partir de acontecimientos pasados en nuestras vidas.

Fragmento ___
- ○ Es frecuente confundir unas constelaciones con otras al contemplar el cielo.
- ● **La predicción del futuro es percibida con desconfianza por el conferenciante.**
- ○ Aún hay quien confía en astrólogos cuando ha de tomar ciertas decisiones en su vida.

Fragmento ___
- ○ En Mesopotamia los astrólogos que fallaban en sus predicciones eran castigados.
- ○ Los astrólogos mesopotámicos acompañaban a los reyes durante las batallas.
- ● **La astrología en Mesopotamia tenía reconocimiento sobre todo entre los poderosos.**

Fragmento ___
- ○ Los eclipses eran fenómenos que ayudaban a los astrólogos a predecir el futuro.
- ○ El resultado de los acontecimientos históricos dependía de fenómenos astrológicos.
- ● **La astrología y la astronomía mesopotámicas cumplían funciones idénticas.**

Aquí tiene la Tarea 5 resuelta: escuche de nuevo el audio y observe las respuestas correctas.

CÓMO RESOLVER LA TAREA

▶ Lea las instrucciones y fíjese en el título de la conferencia y en **quién es el conferenciante**. ¿Qué sabe usted sobre el tema?

▶ Lea los **enunciados** correspondientes a cada fragmento y fíjese en las **palabras clave**. ¿Cuáles son las diferencias entre las tres ideas?

▶ Recuerde que en esta tarea va a escuchar todos los fragmentos una vez y después se repiten todos de nuevo. Esto le ayuda a obtener una **idea general** del contenido de la conferencia. Sin embargo, cada fragmento contiene la información necesaria para seleccionar el enunciado correcto: concéntrese en las ideas de cada fragmento.

▶ Recuerde que los tres enunciados contienen ideas similares a las expresadas en el audio, pero solo una es la respuesta correcta. Puede **tomar notas** sobre lo que comprende y usarlas para descartar los enunciados incorrectos.

▶ Durante la primera escucha de cada fragmento, trate de comprender de una manera más general. Tome notas y si es posible **localice el enunciado correcto**.

▶ Emplee la **segunda escucha** para completar sus elecciones y comprobar sus respuestas. Intente descartar los otros enunciados.

▶ Compruebe que ha respondido a todos los fragmentos.

ACTIVIDAD 2

Aquí tiene los enunciados correctos de cada fragmento de la Tarea 5. ¿Sabe por qué son los correctos? Vuelva a escuchar el audio y escriba lo que dice el conferenciante en cada fragmento. ¿Cómo se relaciona con el enunciado correcto?

FRAGMENTO	RESPUESTA CORRECTA	PALABRAS DEL AUDIO
1	● El concepto de astrología se ha ido modificando desde sus orígenes hasta la actualidad.	"astro", y "logos" o "gnomos" en griego, 'leyes, normas' (...) hoy tienen un sentido bastante diferente del que tenían en Mesopotamia.
2	● La astrología y la astronomía mesopotámicas cumplían funciones idénticas.	
3	● La astrología en Mesopotamia tenía reconocimiento sobre todo entre los poderosos.	
4	● Aún en nuestros días, la inocencia sigue caracterizando a las creencias astrológicas.	
5	● El hombre se despreocupa de encontrar razones objetivas para los acontecimientos de su vida.	
6	● La predicción del futuro es percibida con desconfianza por el conferenciante.	

ACTIVIDAD 3

Para resolver la Tarea 5 hay que identificar los enunciados que expresan las mismas ideas que los audios, es decir, los que dicen lo mismo de forma diferente. Por ello, puede ser muy útil trabajar con palabras y expresiones similares que pueden emplearse para expresar la misma idea. A continuación tiene algunas ideas como las que aparecen en la Tarea 5. ¿Puede expresarlas con otras palabras? Utilice las palabras propuestas en la columna central para reescribir las ideas de los enunciados.

La astronomía y la astrología se originaron en épocas históricas distintas.	**compartir**	La astronomía y la astrología no comparten el mismo origen.
El resultado de los acontecimientos históricos dependía de fenómenos astrológicos.	**determinar**	
En Mesopotamia los astrólogos que fallaban en sus predicciones eran castigados.	**penalización**	
Los hechos en nuestra vida están causados por nuestros comportamientos.	**consecuencia**	
Las explicaciones astrológicas garantizan la comprobación de los hechos pasados.	**posible**	
Sobre interpretación astrológica existe gran curiosidad por los entendidos en astrología.	**interesar**	

Prepárese para el SIELE

Comprensión auditiva

Tarea 5

2.6.3. La Tarea 5 de CA: manos a la obra

Con lo aprendido en este apartado, escuche el audio de la Tarea 5 de CA en la sección "Manos a la obra" de la Extensión digital del manual siguiendo las instrucciones.

> Soluciones: pág. 9 en la Extensión digital

1) Lea las instrucciones y descubra el título de la conferencia y la identidad del conferenciante.
2) Lea los enunciados, busque las palabras clave y reflexione sobre las diferencias existentes entre ellos.
3) Durante la primera escucha trate de comprender la información de cada fragmento y tome notas.
4) Elija la opción de respuesta correcta según las ideas y notas, o descarte las falsas.
5) Emplee la segunda escucha para comprobar sus respuestas y completar las que faltan.
6) Compruebe que ha respondido a todos los fragmentos.

Con lo aprendido en esta sección, responda a la Tarea 5 de CA del SIELE siguiendo las instrucciones.

Comprensión auditiva

Tarea 1	Tarea 2	Tarea 3	Tarea 4	Tarea 5	Tarea 6

Usted va a escuchar, en versión locutada, seis fragmentos de una charla de la profesora y directora artística cubana Graciela Chao sobre los orígenes y el desarrollo del son cubano. Elija, para cada fragmento, la opción que contenga una de las ideas mencionadas. ▶

 Va a escuchar los fragmentos de la charla dos veces.

Ahora tiene 45 segundos para leer las opciones.

Fragmento 1

a) Los estudios sobre el son cubano se centran en la composición de sus movimientos.
b) El son cubano en sus raíces comparte rasgos con otras manifestaciones musicales.
c) Este baile cubano se originó en la capital entre las clases más desfavorecidas.

Fragmento 2

a) El baile de moda entre la burguesía de la época era el vals.
b) Los bailes de origen africano eran populares por la libertad de sus movimientos.
c) Las convenciones sociales del momento impedían realizar ciertos movimientos en el son.

Fragmento 3

a) Existen diversas modalidades de baile distribuidas en diferentes partes del país.
b) Los expertos no logran ponerse de acuerdo sobre el estilo de las variedades geográficas del son.
c) En función de la técnica de baile usada, existen diferentes tipos de son.

Fragmento 4

a) La coreografía de algunos tipos de son refleja el contenido de las canciones.
b) El son de imitación se bailaba en celebraciones propias del ámbito rural.
c) Los sones imitativos conservan los ritmos de un antiguo baile que aún pervive.

Fragmento 5

a) El cambio de parejas es una modalidad del son urbano para integrar al público.
b) La creación de composiciones rítmicas impidió a los trabajadores del campo bailar.
c) Para una mayor rentabilidad, las compañías idearon composiciones más elaboradas en los espectáculos.

Fragmento 6

a) Algunos expertos coinciden en que el son es únicamente un producto representativo de Cuba.
b) Algunas características del son cubano pueden apreciarse en otros bailes caribeños.
c) La llegada de los españoles favoreció la transmisión del son por la zona del Caribe.

Sus notas:

_____

_____

_____

_____

2.7. La Tarea 6 de CA
2.7.1. La Tarea 6 de CA: cómo es

En la Tarea 6 de la prueba de Comprensión auditiva tiene que escuchar dos veces una conferencia y seleccionar seis enunciados que contienen seis ideas expresadas en el audio entre un total de 12 enunciados disponibles.

Comprensión auditiva

Tarea 1	Tarea 2	Tarea 3	Tarea 4	Tarea 5	Tarea 6

> **INSTRUCCIONES:** En esta tarea hay una parte de las instrucciones que siempre cambia, porque dice quién es el conferenciante y cuál es el tema de la conferencia.

Usted va a escuchar, en versión locutada, un fragmento de una conferencia de Victoria Camps sobre las emociones morales. En ella se mencionan seis de las doce ideas que aparecen a continuación. Elija las seis que corresponden a esta conferencia. Para cambiar una opción seleccionada, pulse de nuevo sobre ella.

Va a escuchar la conferencia dos veces.

Ahora tiene 50 segundos para leer las opciones.

> **AUDICIÓN:** En esta tarea va a escuchar la conferencia dos veces seguidas.

 Reproduciendo... 00:04

○ El término *emoción*, como tal, no ha gozado de mucha popularidad en tratados filosóficos.

○ Los conceptos de "emoción" y "pasión" son considerablemente distintos.

○ Para la conferenciante, los conceptos que van a tratarse pueden considerarse equivalentes.

○ La ética actual se diferencia de la antigua en que parte de la idea de razón.

○ La ética de la razón y la de la emoción son incompatibles.

○ La ética se ha basado tradicionalmente en aquello que debemos hacer.

○ Aristóteles fue el primer filósofo que se refirió a la ética de los sentimientos.

> **RESPUESTA:** Debe seleccionar seis respuestas entre las 12 opciones disponibles.

○ La ética de Aristóteles se caracterizó por superar el plano teórico.

○ En la ética aristotélica hay cierta resistencia a definir el término de *virtud*.

○ Spinoza considera que la ética está unida a los afectos.

○ Para Spinoza, el equilibrio emocional es el secreto para vivir en libertad.

○ Según las ideas de Hume, la pasión domina y guía la razón.

Siguiente

En la **Tarea 6** va a escuchar **conferencias, discursos o presentaciones** realizadas por una persona sobre un tema especializado.

Los **temas** pueden ser:
▸ académicos (lengua y literatura; ciencia y tecnología; geografía y naturaleza...);
▸ profesionales (trabajo, economía e industria; política y sociedad...).

Los textos de esta tarea pertenecen a **diferentes variedades lingüísticas** del mundo hispánico.

> **¡ATENCIÓN!** Si pulsa Siguiente sale de la tarea y no puede volver a ella.

En la **Tarea 6** debe **seleccionar seis enunciados** que contienen seis ideas expresadas en el audio de un total de 12 opciones disponibles.

Soluciones: pág. 9
en la Extensión digital

⸙ ⁂ **ACTIVIDAD 1**

En la Tarea 6 va a escuchar una conferencia sobre un tema especializado, en este caso, el juego del ajedrez. Escuche la audición en la sección "Cómo se resuelve" de la Extensión digital del manual y escoja entre los tres perfiles que se le proporcionan el que cree que se corresponde con la conferenciante. ▶

1. Es alguien que dejó el ajedrez porque le parecía un juego demasiado bélico.

2. Es alguien que cree que la forma de pensar del ajedrez puede aplicarse también a la vida cotidiana.

3. Es alguien que piensa que es importante conocer al rival para poder jugar bien al ajedrez.

Perfil número _____

Soluciones: págs. 9-10
en la Extensión digital

⸙ ⁂ ⸙ **ACTIVIDAD 2**

En la Tarea 6 se escucha una conferencia para reconocer las ideas expresadas en ella. A continuación tiene las principales ideas y palabras clave de la conferencia de la Tarea 6. Escuche la audición e indique el orden en el que escucha las ideas. Escriba junto a cada recuadro el número correspondiente (1-6). ▶

Nueva visión del ajedrez: juego de equipo/juego de oportunidades. ☐	**Formación como ajedrecista:** 3 olimpiadas + 1 mundial ⟶ modelo de comportamiento. 1	**Para la competición:** es importante separar cuerpo y emoción. ☐
Aportes del ajedrez: mejor atención, mayor concentración y toma de decisiones. ☐	**Necesidad de cambio:** nuevo enfoque = ajedrez para la paz . ☐	**El ajedrez:** camino hacia lo personal, lo humano. ☐
Dificultad: los ajedrecistas no logran trasladar sus aprendizajes a su vida cotidiana. ☐	**Nuevos retos:** enseñar hábitos de pensamiento, enseñar a disfrutar del ajedrez. ☐	**El ajedrecista:** alguien con emociones, que piensa, que siente. ☐

CÓMO RESOLVER LA TAREA

▶ Lea las instrucciones y descubra a quién va a escuchar y **sobre qué habla**.

▶ Lea los enunciados y busque las palabras clave. Piense en las **ideas clave** y en palabras o expresiones sobre el tema del audio.

▶ Durante la primera escucha trate de obtener una **idea general** del audio y sus contenidos. ¿Cómo se desarrolla la información? ¿Cuáles son las ideas clave? Tome notas de lo que escucha.

▶ **Compare** sus notas con los enunciados y seleccione aquellos que coinciden con lo que ha escuchado.

▶ Emplee la segunda escucha para **comprobar sus elecciones**. Recuerde que las ideas de los enunciados siguen el orden de la información en el audio. Esto puede ayudarle para descartar algunos enunciados incorrectos.

▶ Al final, **compruebe** que ha seleccionado el número correcto de enunciados.

Aquí tiene la Tarea 6 resuelta: escuche, de nuevo, el audio y observe las respuestas correctas.

Usted va a escuchar, en versión locutada, un fragmento de una conferencia de la jugadora y profesora de ajedrez argentina Marina Rizzo titulada *Ajedrez para la vida*. En ella se mencionan seis de las doce opciones que aparecen a continuación. Elija las seis opciones que corresponden a esta conferencia. Para cambiar una opción seleccionada pulse de nuevo sobre ella.

 Va a escuchar la conferencia dos veces.
Ahora tiene 50 segundos para leer las opciones.

- **El concepto de "disputa" del ajedrez marcó la educación y el crecimiento personal de la conferenciante.** (1)
- La conferenciante afirma que su dedicación profesional al juego le abrió interesantes oportunidades en su vida.
- Para ser un buen jugador de ajedrez se requieren habilidades mentales extraordinarias.
- **Los ajedrecistas prescinden de aplicar los aprendizajes del juego a su vida diaria.** (2)
- La ajedrecista cambió su visión del ajedrez porque los jugadores solo se interesaban por el enfrentamiento.
- **La conferenciante descubrió fascinada que los movimientos en el ajedrez eran algo más que una decisión individual.** (3)
- Según la conferenciante, en el ajedrez competitivo las emociones dejan de ser decisivas en el resultado final.
- **La eficacia en el desarrollo del juego se basa en centrarse en uno mismo ignorando la presencia del rival.** (4)
- Las máquinas que juegan al ajedrez están dotadas de las mismas cualidades que las personas.
- **El reto del ajedrez consiste en buscar relaciones con la parte más emocional del ser humano.** (5)
- **La intención de la conferenciante es popularizar el ajedrez como herramienta para desarrollar estrategias de pensamiento.** (6)
- El nivel de madurez intelectual que requiere el juego del ajedrez hace que sea más adecuado para adultos.

 Soluciones: pág. 10 en la Extensión digital

 **ACTIVIDAD 3**

Lea la tarea resuelta y fíjese en los enunciados verdaderos (1-6). Ahora busque en la transcripción de la conferencia de Marina Rizzo por qué son correctos y subraye en el texto la información que permite seleccionarlos (como en el ejemplo).

Aprendí a jugar al ajedrez a los cinco años y crecí y me formé bajo esta disciplina; este riguroso pasatiempo en que se odian dos colores. Sin embargo, después de jugar tres olimpiadas, un mundial y vivir un año en Europa compitiendo, este modelo de comportamiento se rompió dentro de mí. Y a los veintitrés, cuando decido dejar la competencia fuerte, digo: "Bueno, ¿qué puedo tomar de este juego al que le he dedicado casi veinte años de mi vida?". Porque estaba segura de que el ajedrez es un juego maravilloso que ayuda a la gente a tener una atención mejor, concentración, mejores tomas de decisiones y tantas cosas más. Pero, también, era consciente de que muchas veces los ajedrecistas y la gente que lo practica no logra llevar a su vida cotidiana estas profundas enseñanzas que el juego nos regala. Para entenderlo de otra manera, debía encontrar otra alternativa, otra correspondencia; quizás, pasar la correspondencia del ajedrez para la guerra al ajedrez para la paz. Y con esta nueva mirada, empezaron a pasar un montón de cosas.
Empecé a verlo como un mágico espacio en el que las piezas son integrantes de dos equipos asombrosos y cada jugada puede llegar a ser una oportunidad para abrir o cerrar posibilidades futuras al resto del grupo. Son dos equipos de piezas y yo me convertía en el líder de ese equipo. De pronto, mi mirada dejó de estar en el otro, dejó de estar en el resultado, y pasó hacia mí, hacia ese ser que piensa, que siente, que tiene emociones y un cuerpo. En el ajedrez competitivo nunca me habían enseñado qué hacer con mis emociones y con mi cuerpo cuando jugaba, de qué manera podían llegar a ser aliados o dificultar totalmente mi toma de decisiones. Fue extraordinario lo que empecé a comprender... Lo que ese juego me quería decir, no era lo más importante ganarle al otro. Y también comprendí que para competir a cualquier cosa fuertemente, de alguna manera necesitamos separar la cabeza del cuerpo y de las emociones.
Desde hace muchos años en el mundo la mejor computadora le gana al campeón mundial; pero ¿vamos a rendirnos ante las máquinas?... Porque el desafío que este hermoso juego nos propone es ir más allá de esta aparente enemistad, de esta... rivalidad. Lo que de verdad nos propone el ajedrez es un camino para acercarnos a lo que nos hace más humanos, que es el amor, la capacidad de crear, de soñar y de hacer realidad nuestros sueños. Y el mío es llegar a millones de hogares para enseñar hábitos de pensamiento. Para que la gente disfrute pensando, reflexionando, decidiendo. Y los invito: siéntense a jugar con sus hijos, amigos, hermanos, padres... No ya para ganarle a otro. Siéntense para disfrutar, para jugar, para tomar mejores decisiones, para entrenar su mente, su cuerpo, su corazón en beneficio de ustedes mismos y de los demás.

2.7.3. La Tarea 6 de CA: manos a la obra

Con lo aprendido en este apartado, escuche el audio de la Tarea 6 de CA en la sección "Manos a la obra" de la Extensión digital del manual siguiendo las instrucciones.

Soluciones: pág. 10 en la Extensión digital

1) Lea las instrucciones y descubra a quién va a escuchar y sobre qué va a hablar.
2) Lea los posibles enunciados, busque las palabras clave y reflexione sobre las posibles palabras equivalentes que pueden aparecer en el audio.
3) Durante la primera escucha trate de comprender la información del audio y tome notas.
4) Elija la opción de respuesta correcta según las ideas y notas o descarte las falsas.
5) Emplee la segunda escucha para comprobar sus respuestas y completar las que faltan. Ayúdese del orden de las ideas.
6) Compruebe que ha seleccionado el número adecuado de enunciados.

Comprensión de lectura

Tarea 1	Tarea 2	Tarea 3	Tarea 4	Tarea 5	Tarea 6

Usted va a escuchar, en versión locutada, un fragmento de una conferencia de la investigadora venezolana Elisa Quijano sobre el desarrollo de la arquitectura moderna en Maracaibo. En ella se mencionan seis de las doce opciones que aparecen a continuación. Elija las seis opciones que corresponden a esta conferencia. Para cambiar una opción seleccionada pulse de nuevo sobre ella. ▶

 Va a escuchar la conferencia dos veces.

Ahora tiene 50 segundos para leer las opciones.

a) El valor de la arquitectura moderna venezolana reside en su buen estado de conservación.

b) El crecimiento territorial de Maracaibo respeta el patrón urbanístico de desarrollo de la mayoría de las ciudades.

c) Debido a que el centro histórico estaba abarrotado, la población huyó hacia la periferia.

d) El diseño de las primeras viviendas de la periferia preserva elementos arquitectónicos convencionales.

e) La salida del casco urbano fomentó la edificación en los alrededores de las explotaciones petroleras.

f) Los primeros bloques de viviendas modernos tardarán en adaptarse a la nueva estética.

g) El *art déco* se aplicó en Maracaibo en las residencias de ciudadanos con gran patrimonio.

h) Los lugares de ocio y entretenimiento representan los rasgos más creativos del *art déco*.

i) Las construcciones modernas en Maracaibo se caracterizan por la búsqueda de espacios sin obstáculos.

j) En la tercera etapa, la intervención del Gobierno es decisiva en el diseño de la ciudad.

k) En la fase final de la modernidad, las empresas privadas definen los modelos arquitectónicos.

l) En los años setenta surge un nuevo concepto de edificio en bloques de viviendas.

Sus notas:
_____
_____
_____
_____
_____
_____
_____

2.8. Dé el salto

Ahora que ya conoce y ha practicado todas las tareas de la prueba de Comprensión auditiva del examen SIELE, compruebe y ponga en práctica lo que ha aprendido.

- Primero, repase cómo son las diferentes tareas de la prueba.
- Después, realice una prueba de Comprensión auditiva.
- Por último, reflexione sobre cómo la ha hecho y cuáles han sido sus resultados.

REPASE ANTES DE LA PRUEBA

A continuación, tiene un cuestionario sobre las **diferentes tareas** de la prueba de Comprensión auditiva. Reflexione sobre lo aprendido en esta unidad y responda a las preguntas.

1. En la Tarea 1...
   a. las instrucciones son siempre iguales.
   b. se escucha una conversación entre dos personas.
   c. hay que contestar a cinco preguntas sobre el audio.

2. La Tarea 2...
   a. tiene siempre las mismas instrucciones.
   b. es sobre una entrevista de radio.
   c. se completa eligiendo el enunciado correspondiente.

3. En la Tarea 3...
   a. se habla sobre el tema presentado en las instrucciones.
   b. se escuchan conversaciones entre dos personas.
   c. hay que completar ocho huecos con la información del audio.

4. En la Tarea 4...
   a. las instrucciones son siempre iguales.
   b. se escucha a cuatro hombres y cuatro mujeres.
   c. las preguntas siguen el orden de la información en el audio.

5. En la Tarea 5...
   a. las instrucciones contienen siempre la misma información.
   b. se repite cada fragmento de la conferencia dos veces seguidas.
   c. hay que escoger el enunciado adecuado para cada fragmento.

6. En la Tarea 6...
   a. las instrucciones son siempre iguales.
   b. se escucha una conferencia locutada.
   c. hay una respuesta correcta para cada pregunta.

 Soluciones: pág. 10 en la Extensión digital

HAGA LA PRUEBA

Ahora va a poder practicar con **una prueba completa de Comprensión auditiva** como en el examen. Para ello acceda a la prueba de Comprensión auditiva en la sección "Dé el salto" de la Extensión digital del manual.

RECORDAMOS

▶ Para hacer la prueba de Comprensión auditiva solo necesita su ordenador o computadora y conexión a internet.

▶ Seleccione las respuestas usando el ratón, y no las flechas del teclado, para evitar cambios indeseados.

▶ Debe hacer la prueba de sonido.

▶ Una vez comenzada la prueba, no puede parar el tiempo. Los audios se reproducen de forma automática y la duración de la prueba es de 55 minutos.

▶ Para terminar la prueba tiene que pasar por todas las tareas. Si no sabe o no quiere hacer alguna de las tareas, pulse el botón Siguiente hasta llegar a la pantalla final (Cierre).

Después de hacer la prueba, llega el momento de reflexionar. Piense en cómo ha realizado la prueba y conteste a las preguntas de la tabla. ¿Hay algo que deba mejorar?

Tareas			
	¿Ha hecho todas las tareas?	SÍ	NO
	¿Recordaba el orden y las características de las tareas?	SÍ	NO
	¿Y las instrucciones de cada una?	SÍ	NO
	¿Ha sido capaz de comprender la información útil para resolver la tarea?	SÍ	NO

Comprensión			
	¿Recordaba los tipos de audios que aparecen en cada tarea?	SÍ	NO
	¿Ha escuchado todos los audios de la misma manera?	SÍ	NO
	¿Ha necesitado escuchar todos los audios dos veces?	SÍ	NO
	¿Ha tomado notas durante las escuchas?	SÍ	NO
	¿Ha necesitado comprender todas las palabras de cada audio?	SÍ	NO
	¿Ha sido capaz de hacer hipótesis sobre palabras que no comprendía?	SÍ	NO
	¿Ha escuchado alguna variedad lingüística que no le era familiar?	SÍ	NO

Respuestas			
	¿Recordaba el número y el tipo de respuestas de cada tarea?	SÍ	NO
	¿Ha respondido a todas las preguntas?	SÍ	NO
	¿Lo ha hecho en orden?	SÍ	NO
	¿Le han ayudado las notas que tomó durante las escuchas?	SÍ	NO
	¿Ha podido contestar a todas las tareas en el tiempo fijado?	SÍ	NO

¡CONOZCA SU NIVEL!

¿Cuál ha sido su puntuación en la prueba de Comprensión auditiva? Puede comprobar su nivel en la siguiente tabla.

	ACIERTOS	CALIFICACIÓN	NIVEL
¿PUNTACIÓN?: _____/250	0 – 4	0 – 32,99	< A1
	5 – 9	33 – 65,99	A1
	10 – 17	66 – 111,99	A2
	18 – 26	112 – 163,99	B1
	27 – 32	164 – 210,99	B2
	33 – 38	211 – 250	C1

Tengo que mejorar...

siele.org
#hablamosespañol

SERVICIO
INTERNACIONAL
DE EVALUACIÓN
DE LA LENGUA
ESPAÑOLA

UNIDAD 3
LA PRUEBA DE EXPRESIÓN E INTERACCIÓN ESCRITAS

La prueba de Expresión e interacción escritas está formada por **dos tareas**.

Es importante conocer la estructura de la prueba, qué tareas la componen y qué tiene que hacer en cada una de ellas.

En esta unidad va a conocer:

▶ cómo es **la prueba** en general;
▶ cómo es cada una de **las tareas**.

Va a aprender cómo son las tareas, cómo se resuelven, cómo se califican, y va a practicar cada una de ellas.

Al final de la unidad, hay **una prueba completa** de Expresión e interacción escritas.

3.3.2. La Tarea 2 de EIE: cómo se resuelve

Soluciones: pág. 12
en la Extensión digital

ACTIVIDAD 1

Active el vocabulario que conoce. Lea la Opción 2 de la Tarea 2 e intente completar el siguiente esquema con el vocabulario que se le propone. Cuidado: hay dos intrusos entre todas las palabras. ¿Puede añadir usted otras palabras? Después, haga un esquema similar para la Opción 1 de la Tarea 2 .

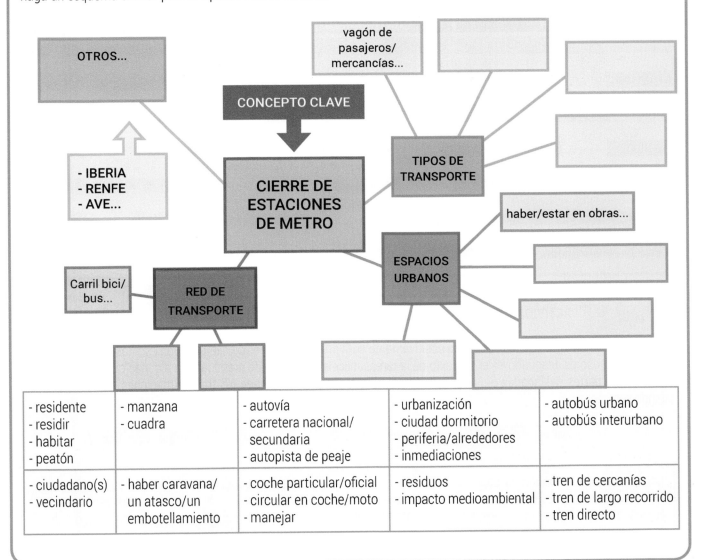

- residente - residir - habitar - peatón	- manzana - cuadra	- autovía - carretera nacional/ secundaria - autopista de peaje	- urbanización - ciudad dormitorio - periferia/alrededores - inmediaciones	- autobús urbano - autobús interurbano

- ciudadano(s)
- vecindario
	- haber caravana/
	  un atasco/un
	  embotellamiento
		- coche particular/oficial
		- circular en coche/moto
		- manejar
			- residuos
			- impacto medioambiental
				- tren de cercanías
				- tren de largo recorrido
				- tren directo

CÓMO RESOLVER LA TAREA: PASO 2

Al igual que en la Tarea 1, usted debe:

Escribir su texto directamente en el ordenador.

▶ Escriba su texto directamente en el ordenador para evitar perder tiempo. En el ordenador, puede borrar, mover partes del texto y salir y volver a la tarea todas las veces necesarias durante los 50 minutos que dura la prueba.

▶ Siga el esquema que ha elaborado. El orden para responder a las pautas no es importante, aunque sí facilita tanto la redacción del texto como la calificación del examen. Lo más importante es responder a todos los puntos y escribir un texto coherente y bien organizado.

▶ Separe la información en párrafos y use los signos de puntuación.

▶ No escriba frases demasiado cortas. Utilice distintos mecanismos de cohesión y de organización del texto (conectores, subordinadas sustantivas, adjetivas y adverbiales; recursos de referencia como deícticos, etc.).

▶ Use expresiones coloquiales, frases hechas o refranes adecuados para lo que usted quiere expresar.

Soluciones: págs. 12-13 en la Extensión digital

 **ACTIVIDAD 2**

Aquí tiene algunos recursos que le pueden ser útiles para resolver la Tarea 2. Relacione cada recurso con su función comunicativa y, con la ayuda de su profesor, aprenda a utilizar estas estructuras y marcadores.

OPINAR	CONTRAARGUMENTAR	CONCLUIR

A mi juicio...   Lo que es evidente / está claro es que...   Me parece horrible / fatal / genial / fenomenal...

Yo no digo que (no)..., pero / sin embargo / ahora bien...   Para finalizar...   Resumiendo...   Quizá(s) / Tal vez...

Por último...   (Yo) estoy de acuerdo...   Sí, pero tampoco se puede / debe olvidar que...   Para acabar...

No dudo (de) que..., pero / no obstante...   Desde luego (que sí / no)...   No estoy en absoluto de acuerdo...

Estoy de acuerdo con mucho / casi todo / gran parte de...   En mi modesta / humilde opinión...   En definitiva...

No tengo (tan) claro que...   En conclusión...   No te falta razón, pero / sin embargo / ahora bien / por el contrario...

Soluciones: pág. 13 en la Extensión digital

 **ACTIVIDAD 3**

El uso de expresiones coloquiales se valora positivamente en la prueba de Expresión e interacción escritas. Si conoce alguna y cree que su uso es adecuado en el contexto de la tarea, utilícela. Ahora puede practicar con algunas que le proponemos: sustituya las partes destacadas del texto por las siguientes expresiones y haga las transformaciones que correspondan cuando sea necesario.

pagar el pato	estar hasta las narices	por *h* o por *b*	cada dos por tres

Los vecinos ya no podemos soportar más esta situación. ¡Estamos cansados! La cosa es que constantemente cierran las estaciones de metro por huelga de sus trabajadores. El Gobierno se ha reunido varias veces con los representantes de los empleados, pero, por algún motivo, no han llegado a un acuerdo. El problema es que al final somos los ciudadanos los que estamos sufriendo las consecuencias.

CÓMO RESOLVER LA TAREA: PASO 3

Al igual que en la Tarea 1, usted debe:

⇒ Revisar el texto. Debe fijarse en los aspectos que van a ser evaluados. Al igual que en la Tarea 1, nuestro consejo es seguir este orden:

▶ **Cumplimiento.** ¿Ha contestado a lo que se le pedía? ¿Ha tenido en cuenta todas las pautas? ¿Su texto tiene relación con el texto de entrada?

▶ **Corrección.** Revise los contenidos gramaticales y léxicos de su texto. Puede fijarse en: los tiempos verbales, las oraciones subordinadas, los mecanismos de cohesión (conectores, organizadores de la información, recursos de referencia, etc.) y la ortografía.

▶ **Cohesión.** Lea todo el texto para comprobar que tiene sentido. ¿Ha hecho un uso adecuado de los mecanismos de cohesión? ¿La distribución del texto en párrafos y el uso de los signos de puntuación es correcto?

▶ **Alcance.** Reflexione después de la última lectura: ¿la lengua que ha utilizado es adecuada para el tema y el tipo de texto?

> Soluciones: pág. 13
> en la Extensión digital

 **ACTIVIDAD 4**

Revise el texto que ha escrito un estudiante de español teniendo en cuenta los aspectos que van a ser evaluados en el SIELE. Señale qué tipo de errores ha encontrado y corríjalos. Puede volver a leer la tarea en la página 78.

Tarea 2 Opción 1

El plastico está presente en nuestra vida cada día: cafés para llevar, snacks, bolsas del supermercado, etc. En mi opinión los Gobiernos deberían dar los primeros pasos para que los ciudadanos conozcan el problema y además obligar a las empresas que venden plastico inútil que limiten la venta.

El problema es que muchas personas no conocen el daño que hace el plastico en el medio ambiente y deciden usar cada día montones de plastico sin sentido. Para ellos el Gobierno deberían hacer anuncios públicos para enseñar a la gente que no debe usar tantas cosas de plástico porque los daños que se causan al planeta pueden ser terribles para la vida de todos. Cuando los ciudadanos comprenden esto, ellos van a cambiar su forma de consumir. Por la otra parte, deberían hacer una ley para que los supermercados y otras tiendas tengan más opciones que bolsas de plástico, podrían ser bolsas de papel reutilizado o de tela, porque no sabemos que son muchas las bolsas de plástico que cada día se usan en estos lugares y si las personas no tienen otras opciones, no van a usar otros tipos.

Finalmente, comprenderán que en primer lugar hay que enseñar el problema a los ciudadanos y después hay que conseguir que ellos reciclen y separen sus basuras como ya es costumbre en muchos países. Una manera de ayudar esta nueva forma de vida es actuando desde las tiendas y supermercados, otra manera es dar un poco de dinero cada vez que alguien entrega sus basuras separadas y en el lugar correcto. Con todos estos acciones de la gente cuidando del medio ambiente, el planeta estará mejor y podremos disfrutar de vivir sin plasticos y sus efectos.

3.3.3. La Tarea 2 de EIE: cómo se califica

CÓMO SE CALIFICA

La Tarea 2 de la prueba de Expresión e interacción escritas la califican expertos en evaluación que utilizan las escalas de calificación estandarizadas del SIELE.

La escala para calificar esta tarea tiene dos categorías: Uso de la lengua y Cumplimiento de la tarea.

En el uso de la lengua se evalúa la manera de expresarse teniendo en cuenta la cohesión del discurso, la corrección y el alcance.

En el cumplimiento de la tarea se tiene en cuenta si resuelve la tarea según las pautas, se adecúa a la situación planteada, tiene en cuenta el estímulo proporcionado y se ajusta el género requerido.

La escala tiene 6 puntos que van de 0 a 5. Puede ver la escala en la página 138.

Soluciones: págs. 13-14 en la Extensión digital

✳ ACTIVIDAD 1

Lea esta respuesta a la Opción 2 de la Tarea 2. ¿Sabría decir qué nota dieron los expertos a este texto? Elija una de las opciones (A, B o C). Después, haga lo mismo con el texto de la página anterior y elija entre las opciones D, E y F. Recuerde que puede volver a leer la tarea en la página 79 y los informes de calificación en las páginas 13-14 de las Soluciones que están en la Extensión digital del manual.

Tarea 2 Opción 2

Estimados señores del *Mundo Ñ*",

Mi nombre es Juan Domínguez y estoy escribiendoles para hablar de un gran problema ahora en mi ciudad, para mí y otros ciudadanos residentes de esta zona. Espero que puedan publicar mi queja en su periódico, porque el malestar con lo que está sucediendo aquí es general entre los comerciantes. En este momento el mes de octubre, un periodo muy intenso de trabajo y colegios funcionando, la compañía de metro decidió de empezar un huelga en las principales estaciones de metro del centro de la ciudad. Es una situación muy difícil para nosotros los que tenemos que movernos por la zona porque, aunque podríamos hacerlo en coche particular, pasaríamos horas atrapados en los atascos del casco antiguo. En consecuencia a lo expuesto estos problemas llegarán también al turismo de la ciudad que no querrá pasear si ven huelgas y los problemas de seguridad que hay en las calles. Nosotros los comerciantes que trabajamos para los turistas ya estamos notando la falta de visitantes en estos momentos y sabemos que no pasarán por nuestra ciudad hasta que no se solucionen los problemas con los empleados del metro.

En mi modesta opinión, llegados a este punto el Ayuntamiento debería programar rutas de autobús urbano que sigan las que hace el metro normalmente. De hacerlo de esta manera, el malestar de los vecinos y turistas sería mínimo en este momento. En cualquier caso, creemos que lo mejor solución para todos sería que el Gobierno haga una reunión con los directivos del metro y escuchen sus necesidades. Los ciudadanos tenemos derecho a vivir tranquilos y con los servicios de transporte funcionando correctamente.

Finalmente me despido confiando en la respuesta positiva de nuestro Gobierno que pueda buscar y encontrar una solución que funcione para todo el mundo afectado por la situación.

Muchas gracias por la oportunidad de escribir y expresar mis pensamientos sobre esta situación.

Atentamente,

Juan Domínguez

| Tarea 2 Opción 2: | A) 4 – 4 – 4 – 4 | B) 3 – 3 – 3 – 3 | C) 5 – 5 – 5 – 5 |
| Tarea 2 Opción 1: | D) 3 – 3 – 3 – 3 | E) 4 – 4 – 4 – 4 | F) 5 – 5 – 5 – 5 |

3.3.4. La Tarea 2 de EIE: manos a la obra

Con lo aprendido en esta sección, responda a la Tarea 2 de EIE del SIELE siguiendo las instrucciones.

1) Seleccione una de las dos opciones.
2) Lea las instrucciones de la tarea.
3) Lea las pautas.
4) Lea el texto de entrada.
5) Haga un esquema en su hoja siguiendo las pautas.
6) Complete el esquema con palabras, expresiones y verbos útiles.
7) Escriba su texto en el ordenador.
8) Revise el texto.
9) Calcule cuánto tiempo ha tardado en hacer esta tarea.

CONSEJOS PARA PRACTICAR

Le aconsejamos practicar escribiendo textos en el ordenador para lograr una experiencia más parecida a la del día del examen. Intente redactar la tarea desactivando el corrector automático, ya que no va a tener uno el día del examen. No olvide calcular el tiempo que tarda en hacer la tarea. Leer prensa escrita en las diferentes variedades del español también le puede ayudar a prepararse para esta tarea.

Expresión e interacción escritas

| Tarea 1 | Tarea 2 |

Tiempo prueba: 00:35:00

Elija una de las dos opciones que se le ofrecen a continuación:

 tiempo para elegir la opción: 01:00

Escribir un texto de opinión:
Pasos hacia la integración de personas discapacitadas en la sociedad

Opción 1

Escribir una carta a la redacción de un periódico:
Quejas por la no renovación de los contratos en BM

Opción 2

Sus notas:

_____
_____
_____
_____
_____
_____
_____

Tiempo prueba: 00:34:00

Opción 1. Escribir un texto de opinión

Lea la siguiente noticia y escriba un texto de opinión sobre los pasos que se deben dar para la integración de personas discapacitadas en la sociedad. En él deberá:

- presentar el tema;
- expresar su opinión al respecto;
- exponer argumentos que apoyen esa opinión;
- elaborar una conclusión.

MUNDO Ñ
NOTICIAS DEL MUNDO HISPANO

www.mundoeñe.com

Desde 2015

Internacional | Opinión | Nacional | Economía | Tecnología | Ciencia | Cultura

Buscar... | Buscar

PASOS HACIA LA INTEGRACIÓN DE PERSONAS DISCAPACITADAS EN LA SOCIEDAD

En la ciudad de Quitilipi, situada en la provincia del Chaco (Argentina), hay un hotel único en el mundo por el personal que allí trabaja y por el programa laboral que se ha llevado adelante. En él, jóvenes discapacitados son contratados de manera preferente. Se aumentan, así, sus oportunidades de trabajo e integración en la sociedad.

(Basado en *www.lanacion.com.ar/1904218-la-inclusion-hecha-realidad*. Argentina)

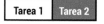

Tiempo prueba: 00:34:00

Opción 2. Escribir una carta a la redacción de un periódico

Usted es un trabajador de la empresa de transporte BM indignado por la no renovación de los contratos de sus compañeros. Lea la siguiente noticia y escriba una carta dirigida a la redacción del periódico *Mundo Ñ* en la que exponga:

- las causas de su indignación;
- las consecuencias que tendrá la no renovación de los contratos;
- las alternativas que sugiere para proteger el empleo de esos trabajadores;
- la respuesta que espera de las autoridades.

MUNDO Ñ
NOTICIAS DEL MUNDO HISPANO

www.mundoeñe.com

Desde 2015

Internacional | Opinión | Nacional | Economía | Tecnología | Ciencia | Cultura

Buscar... | Buscar

QUEJAS POR LA NO RENOVACIÓN DE LOS CONTRATOS EN BM

Un grupo de trabajadores del servicio de transporte BM ha denunciado a la empresa por no renovar sus contratos. Según los líderes de los sindicatos, los contratos de varios conductores no fueron renovados debido a la disminución en las ganancias anuales de la empresa. Con ello, se ha desobedecido el acuerdo de renovación y estabilidad laboral que la compañía había fijado con el Gobierno.

(Basado en *www.laestrella.com.pa/panama/nacional/quejas-recontrataciones-metrobus/23924961*. Panamá)

3.4. Cómo prepararse para obtener un nivel determinado en la EIE del SIELE

COMPRENDER EL SISTEMA DE CALIFICACIÓN

Si usted se está preparando para obtener un nivel determinado en la prueba de EIE del SIELE debe tener en cuenta las siguientes indicaciones generales para la **Tarea 1**:

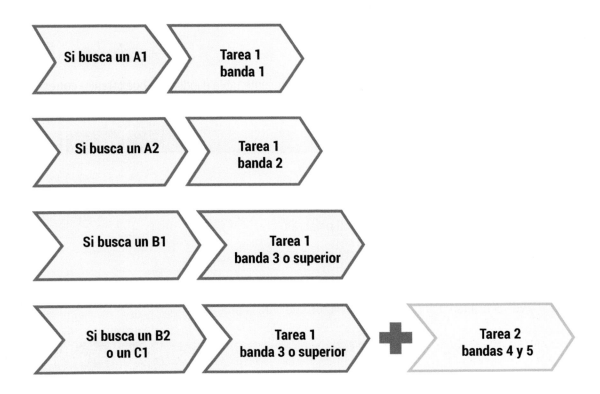

Si usted se está preparando para obtener un **nivel B2 o C1** en la prueba de EIE del SIELE, tenga en cuenta las siguientes indicaciones generales:

▶ Debe hacer la **Tarea 1** y obtener, al menos, una puntuación que le sitúe en la **banda 3**.
▶ En la **Tarea 2**, debe situarse en la **banda 4** para obtener un **nivel B2** y, en la **banda 5**, para obtener un **nivel C1**.

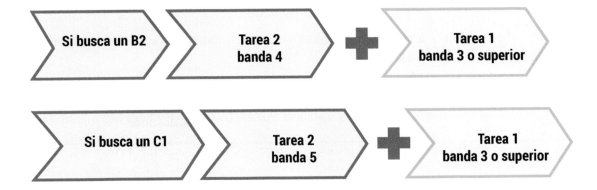

Como ya sabe, la Tarea 2 de la EIE del SIELE evalúa los niveles B2 y C1. No obstante, sirve también para verificar el nivel que ha obtenido en la Tarea 1.

3.5. Dé el salto

Ahora que ya conoce y ha practicado las dos tareas de la prueba de Expresión e interacción escritas del examen SIELE, compruebe y ponga en práctica lo que ha aprendido.

- Primero, repase cómo son las dos tareas de la prueba.
- Después, realice una prueba de Expresión e interacción escritas.
- Por último, reflexione sobre cómo la ha hecho y cuáles han sido sus resultados.

REPASE ANTES DE LA PRUEBA

Lea las **características de las diferentes tareas** de EIE en la siguiente tabla e indique a qué tarea(s) corresponden: Tarea 1, Tarea 2 o las dos tareas.

		Tarea 1	Tarea 2	Las dos tareas
1.	Tiene que responder a un mensaje o correo electrónico.			
2.	Puede elegir entre dos opciones.			
3.	Debe escribir aproximadamente unas 100 o 150 palabras.			
4.	Es aconsejable hacer un esquema antes de empezar a escribir.			
5.	Va a encontrar textos de las diferentes variedades del español.			
6.	Puede salir y volver a la tarea durante los 50 minutos que dura la prueba.			

Soluciones: pág. 14
en la Extensión digital

HAGA LA PRUEBA

Ahora va a poder practicar con **una prueba completa de Expresión e interacción escritas** como en el examen. Para ello acceda a la prueba de Expresión e interacción escritas en la sección "Dé el salto" de la Extensión digital del manual.

RECORDAMOS

▶ Para hacer la prueba de Expresión a interacción escritas solo necesita su ordenador o computadora y conexión a internet.

▶ En esta prueba puede navegar entre las dos tareas.

▶ Tiene un minuto para elegir la opción de la Tarea 2 que quiere hacer.

▶ Una vez comenzada la prueba, no puede parar el tiempo. La duración de la prueba es de 50 minutos.

▶ Para terminar la prueba tiene que pasar por todas las tareas. Pulse el botón `Siguiente` hasta llegar a la pantalla final.

¿CÓMO HA HECHO LA PRUEBA?

Después de hacer la prueba, llega el momento de reflexionar. Piense en cómo ha realizado la prueba y conteste a las preguntas de la tabla. ¿Hay algo que deba mejorar?

Tareas		SÍ	NO
	¿Ha hecho las dos tareas?	SÍ	NO
	¿Recordaba las características de cada una?	SÍ	NO
	¿Comprendió las instrucciones y las pautas?	SÍ	NO
	¿Entendió el texto de entrada?	SÍ	NO
	¿Eligió una de las dos opciones de la Tarea 2?	SÍ	NO

Expresión e interacción		SÍ	NO
	¿Ha hecho un esquema y ha tomado notas antes de empezar a escribir?	SÍ	NO
	¿Redactó su texto en el ordenador?	SÍ	NO
	¿Le ha dado tiempo a contestar a las dos tareas?	SÍ	NO
	¿Ha probado el teclado español?	SÍ	NO
	¿El número de palabras que ha escrito se aproxima al recomendado?	SÍ	NO
	¿Ha revisado su texto teniendo en cuenta los aspectos que se evalúan?	SÍ	NO

Tengo que mejorar...

SERVICIO
INTERNACIONAL
DE EVALUACIÓN
DE LA LENGUA
ESPAÑOLA

UNIDAD 4
LA PRUEBA DE EXPRESIÓN E INTERACCIÓN ORALES

La prueba de Expresión e interacción orales está formada por **cinco tareas**.

Es importante conocer la estructura de la prueba, qué tareas la componen y qué tiene que hacer en cada una de ellas.

En esta unidad va a conocer:
- cómo es la **prueba** en general;
- cómo es cada una de **las tareas**.

Va a aprender cómo son las tareas, cómo se resuelven, cómo se califican, y va a practicar cada una de ellas.

Al final de la unidad, hay **una prueba completa** de Expresión e interacción orales.

4.1. Cómo es la prueba de Expresión e interacción orales

- La prueba de Expresión e interacción orales mide sus habilidades para expresar información de forma oral.
- En las distintas tareas, tiene que leer o escuchar diferentes textos y contestar oralmente de acuerdo a lo que se le pida.
- En la siguiente tabla se resumen las características principales de las cinco tareas:

	DURACIÓN TOTAL	ACTIVIDAD DE LA LENGUA	NIVEL	DURACIÓN POR TAREAS	PREPARACIÓN	OPCIONES
Tarea 1		Interacción oral	A1	1min 30s	No hay	No hay
Tarea 2		Expresión oral	A2	1-2min	1min 30s	2
Tarea 3	15-20 minutos	Expresión oral	B1	2-3min	No hay	2
Tarea 4		Interacción oral	B2	2-3min	No hay	2
Tarea 5		Expresión oral	C1	3-4min	2min	2

ANTES DE REALIZAR LA PRUEBA DE EXPRESIÓN E INTERACCIÓN ORALES

Para hacer con éxito la prueba, debe conocer las tareas, saber como responder, administrar el tiempo y conocer el sistema de calificación.

CÓMO ES LA PANTALLA DEL SIELE

| Tarea 1 | Tarea 2 | Tarea 3 | Tarea 4 | Tarea 5 |

TAREA: En la parte superior izquierda puede ver qué tarea está haciendo.

UTILICE SIEMPRE EL RATÓN para desplazarse por las pruebas y tareas. El teclado puede cambiar sus respuestas.

PRUEBA DE SONIDO Y GRABACIÓN: Antes de comenzar la prueba, se realiza una prueba de grabación y sonido para comprobar que el sistema funciona correctamente.

En esta prueba **NO PUEDE NAVEGAR ENTRE TAREAS**. Todas las tareas tienen **UNA SOLA PANTALLA**. Si pulsa el botón **Siguiente** al final de una tarea, no puede volver atrás.

REPRODUCCIÓN AUTOMÁTICA: Los audios de las tareas 1 y 4 se reproducen de manera automática y puede escucharlos hasta dos veces. Haga clic sobre este icono con el texto "Reproducir" en color rojo para volver a escuchar una pregunta.

ESPACIO PARA NOTAS: En la Tarea 2 y en la Tarea 5 tiene un espacio para tomar notas durante la preparación de su exposición. El contenido escrito en este espacio no es evaluable.

TIEMPO: A diferencia del resto de pruebas, solo tiene información sobre el tiempo disponible para cada tarea y no del total de la prueba.

GRABACIÓN: La grabación de las respuestas comienza de forma automática, aunque puede empezar su grabación antes haciendo clic sobre el icono de grabación.

 Grabación automática en: 00:16

Durante la grabación, puede ver cuánto tiempo le queda para responder.

 Grabando Quedan 00:13

Para finalizar la grabación de forma voluntaria puede pulsar "Terminar grabación".

 Terminar grabación

Escriba aquí sus notas. NO EVALUABLE

CONOCER LA PRUEBA

La prueba de Expresión e interacción orales tiene cinco tareas que miden su capacidad para expresarse oralmente. En las diferentes tareas, tiene que escuchar audios y leer textos para responder oralmente a preguntas, pautas o situaciones.

Antes de comenzar debe hacer una prueba de sonido y grabación. Compruebe que los auriculares y el micrófono funcionan correctamente, que el volumen de su voz es adecuado y que su articulación es comprensible.

Las instrucciones de las cinco tareas siempre aparecen escritas en español y son breves, sencillas y claras.

Dependiendo de la tarea puede encontrar:
▶ audios con preguntas;
▶ imágenes de situaciones habituales o cotidianas;
▶ pautas escritas para hacer la tarea, o
▶ frases y textos escritos de contenido diverso.

SABER CÓMO RESPONDER

- Fíjese en los iconos y responda únicamente cuando la grabación está activa. 🎙 Grabación automática en: 00:16   🎙 Grabando

- Intente terminar su exposición oral antes del final de la grabación. Para ello, fíjese en el tiempo disponible para responder.

- Tenga en cuenta que no puede escuchar sus respuestas.

ADMINISTRAR EL TIEMPO

Para hacer la prueba de Expresión e interacción orales dispone de un tiempo máximo de 20 minutos. El tiempo se gestiona de manera automática y cada tarea tiene su tiempo predeterminado. El tiempo total de cada tarea se distribuye entre:

▶ **La lectura de las instrucciones.** Tiene unos segundos para leer las instrucciones antes comenzar la tarea.

▶ **La preparación de la tarea.** En las tareas 2 y 5 puede planear su respuesta y tomar notas.

▶ **La respuesta del candidato.** En cada tarea tiene un tiempo predeterminado para responder, aunque puede empezar y terminar su grabación antes haciendo clic sobre los iconos "Grabación automática" y "Terminar grabación" respectivamente.

SABER CÓMO SE CALIFICA

La prueba de Expresión e interacción orales la califican expertos en evaluación que utilizan las escalas de calificación del SIELE. Puede ver las escalas en la página 141.

Estas escalas evalúan el uso de la lengua (cohesión del discurso, fluidez y pronunciación, corrección y alcance) y el cumplimiento de la tarea (contestar correctamente las preguntas o cumplir las pautas indicadas en las tareas). Los valores de cada una de las categorías respecto al total son: Uso de la lengua **66 %** y Cumplimiento de la tarea **34 %**.

Soluciones: pág. 15
en la Extensión digital

 ¿VERDADERO O FALSO?

Lea las siguientes frases y diga si son verdaderas o falsas. Explique por qué.

▶ El profesor que cuida el examen graba las respuestas del candidato.
▶ En algunas tareas hay tiempo para planificar y tomar notas.
▶ Es posible elegir qué tarea responder primero.
▶ Todas las tareas contienen preguntas en formato auditivo.
▶ El candidato decide cuánto dura cada una de sus respuestas hasta un máximo de 15 minutos.

4.2. La Tarea 1 de EIO
4.2.1. La Tarea 1 de EIO: cómo es

En la Tarea 1 de la prueba de Expresión e interacción orales tiene que escuchar cuatro preguntas y responderlas mediante la grabación de audios.

Expresión e interacción orales

INSTRUCCIONES: En esta tarea las instrucciones siempre son iguales.

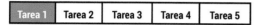

Tarea 1	Tarea 2	Tarea 3	Tarea 4	Tarea 5

Usted debe contestar a cuatro preguntas de carácter personal. Las preguntas empiezan automáticamente. Si quiere escuchar otra vez una pregunta antes de grabar, pulse en Reproducir (🔊). Después para grabar su respuesta, pulse en Grabadora (🎤) o puede esperar para grabar automáticamente.

- En las preguntas 1 y 2, tiene 15 segundos para grabar cada respuesta.
- En las preguntas 3 y 4, tiene 30 segundos para grabar cada respuesta.

AUDIOS CON PREGUNTAS: Los audios comienzan automáticamente. Puede volver a escucharlos haciendo clic sobre

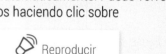

Pregunta 1

 Reproducir   Grabación automática en: 00:06

Pregunta 2

 Reproducir   Grabar

GRABACIÓN DE LAS RESPUESTAS: La grabación de las respuestas comienza y finaliza de forma automática. Puede empezar y terminar antes haciendo clic sobre los iconos

Pregunta 3

 Reproducir   Grabar

Pregunta 4

 Reproducir   Grabar

¡ATENCIÓN! Si pulsa [Siguiente], sale de la tarea y no puede volver a ella.

[Siguiente]

Las preguntas de la **Tarea 1** tratan **temas**:

▶ personales (información personal, relaciones con otras personas, vida cotidiana...);

▶ públicos (lugares y actividades de tiempo libre y de ocio...).

La Tarea 1 evalúa su capacidad para llevar a cabo una **interacción con el sistema** durante un máximo de un minuto y medio. Esta tarea valora **desde el nivel A1 hasta el A2** y su puntuación representa el 20 % del valor total de la prueba (250 puntos SIELE).

Todos los candidatos, incluidos aquellos que buscan o esperan alcanzar una puntuación superior al A2, deben hacerla.

Prepárese para el SIELE

Expresión e interacción orales

Tarea 1

4.2.2. La Tarea 1 de EIO: cómo se resuelve

Preparese para el SIELE

CÓMO RESOLVER LA TAREA

Lea las **instrucciones**. ¿Qué tiene que hacer y cómo funciona la prueba? Recuerde que en la Tarea 1 las instrucciones no cambian.

Acceda a la Tarea 1 en la sección "Cómo se resuelve" de la Extensión digital del manual y preste atención a las preguntas. Recuerde que en el examen real únicamente puede escuchar cada audio dos veces antes de comenzar la grabación de la respuesta.

Responda a las preguntas. Espere al comienzo de la grabación o actívela usted mismo haciendo clic en **Grabar** 🎤.
Aunque las preguntas pueden parecer sencillas, responda lo mejor posible teniendo en cuenta el tiempo que tiene para responder cada pregunta:

▶ para la pregunta 1, 15 segundos;
▶ para la pregunta 2, 15 segundos;
▶ para la pregunta 3, 30 segundos;
▶ para la pregunta 4, 30 segundos.

Soluciones: pág. 15
en la Extensión digital

ACTIVIDAD 1

Escuche las preguntas de la Tarea 1 haciendo clic en el botón **Reproducir** y relacione cada una con el tema que trata.

	Relaciones personales	Vida cotidiana	Lugares y actividades de tiempo libre y de ocio
Pregunta 1 ▶			
Pregunta 2 ▶			
Pregunta 3 ▶			
Pregunta 4 ▶			

Soluciones: pág. 15
en la Extensión digital

ACTIVIDAD 2

Escuche las respuestas de estos estudiantes a las dos primeras preguntas de la Tarea 1 haciendo clic en **Respuesta 1** y **Respuesta 2**: *¿qué deportes practica?* y *¿qué le gusta hacer el fin de semana?*, y relaciónelas con una imagen.

Siempre que sea correcta, una respuesta elaborada puede suponer mayor puntuación. Por eso, trate de desarrollar las respuestas añadiendo información, detalles y ejemplos. En este caso, puede indicar por qué sí o por qué no le gustan los deportes y cuándo los practica, o con qué frecuencia hace actividades, con quién y dónde.

Expresión e interacción orales

Tarea 1

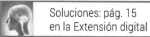
ACTIVIDAD 3

Fíjese en las imágenes. ¿Conoce estos platos? ¿Qué ingredientes llevan?

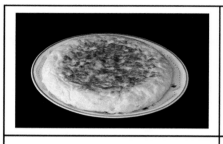		
Tortilla de patata	Alfajores	Guacamole

Ahora responda usted a la Pregunta 3 de la Tarea 1 haciendo clic en **Grabar** 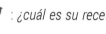 : *¿cuál es su receta preferida y qué ingredientes lleva?*

 Reproducir   Grabando  Quedan 00:13   Terminar grabación

---

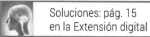
 **ACTIVIDAD 4**

En la pregunta 4 de la Tarea 1 se pregunta a los candidatos cómo era su primer profesor de español. Escuche las respuestas de dos candidatos a la cuarta pregunta de la Tarea 1 y relaciónelas con las opciones A y B.

▶ **Respuesta 1**   ▶ **Respuesta 2**

A

Nombre: M. Rodríguez

Nacionalidad: dominicano

Idiomas: español, francés e inglés

Profesión: profesor de gramática española

B

Nombre: C. García

Nacionalidad: española

Idiomas: español, catalán e inglés

Profesión: profesora de lengua y cultura españolas

Ahora responda usted, ¿cómo era su primer profesor de español?

 Reproducir   Grabando  Quedan 00:13   Terminar grabación

---

 **ACTIVIDAD 5**

En las dos últimas preguntas de la Tarea 1 es habitual que se pida hablar de recuerdos o planes de futuro. Observe los siguientes temas y hable de un recuerdo y un plan de futuro relacionados con ellos.

Eventos familiares	**Vacaciones**	**Tiempo libre**
Trabajo	**Deportes** **Viajes**	**Estudios**
Música	**Ciudades favoritas**	**Amigos**

4.2.3. La Tarea 1 de EIO: cómo se califica

CÓMO SE CALIFICA

La **Tarea 1** de la prueba de Expresión e interacción orales la califican expertos en evaluación que utilizan las escalas de calificación estandarizadas del SIELE.

La escala para calificar esta tarea tiene de dos categorías: Uso de la lengua y Cumplimiento de la tarea.

En el uso de la lengua se evalúa la manera de expresarse: la cohesión del discurso, la fluidez y pronunciación, la corrección y el alcance.

En el cumplimiento de la tarea se tiene en cuenta si responde de manera adecuada a las preguntas de la Tarea 1.

La escala tiene 6 puntos que van de 0 a 5. Puede ver la escala en la página 141.

 Soluciones: pág. 15 en la Extensión digital

ACTIVIDAD 1

Esta es la respuesta de un candidato a la Tarea 1. Fíjese en la escala y en las puntuaciones que le dieron los expertos. Después, puede leer los informes de calificación en la página 15 de las Soluciones que están en la Extensión digital del manual y escuchar las respuestas del candidato (**Respuesta 1**) a las cuatro preguntas en la sección "Cómo se califica".

Respuesta del usuario

Pregunta 1: ¿Qué deportes practica?   **Pausas**
▶ *A ver, practico esquí, practico fútbol, practico, pero fútbol americano. Y a veces practico... eh... la... Pues corro.*

Pregunta 2: ¿Qué le gusta hacer el fin de semana?
▶ *El fin de semana me gusta un montón ver amigos, hablar con ellos, leer un poco... ah, pues a veces me gusta también ver un poco la televisión y aprender lo que...* [Fin de la grabación]

Pregunta 3: ¿Cuál es su receta preferida y qué ingredientes lleva?   **Errores**
▶ *La-la cosa es que no tengo recetas favoritas, pero... ah...en este momento me gusta *bien comer un poco de tortilla de patata y-la- contiene huevos y patatas, entonces no sé... no sé qué hay de otro. Pues a veces algunas... eh... pues es esto.*
                                                          Conectores

Pregunta 4: ¿Cómo era su primer profesor de español?
▶ *Mi primer profesor español era... un hombre que, que se llama Martín. Era muy agradable como persona y un buenísimo profesor. Ah... pues... él proviene... él viene de... la América del Sur. No *me recuerdo el país. Y hablaba en francés perfecto.*

Calificación

Uso de la lengua: 4   Cumplimiento de la tarea: 5

Alcance	Cohesión	Fluidez	Corrección	
Su nivel de lengua le permite desenvolverse con cierta precisión.	Su discurso es claro y coherente.	Realiza pausas cuando utiliza palabras o estructuras complejas.	Comete algún error cuando utiliza palabras o estructuras complejas.	Responde a todas las preguntas.

Soluciones: pág. 15
en la Extensión digital

ACTIVIDAD 2

Esta es la respuesta de otro candidato a la Tarea 1. ¿Sabría decir cuál de las dos calificaciones (A o B) le corresponde? Después, puede leer el informe de calificación en la página 15 de las Soluciones que están en la Extensión digital del manual. Escuche las respuestas del candidato (**Respuesta 2**) a las cuatro preguntas de la Tarea 1 en la sección "Cómo se califica" de la Extensión digital del manual. ▶

Respuesta del usuario

Pregunta 1: ¿Qué deportes practica?

▶ *Bueno, practicar quizás es una palabra grande porque la verdad es que le dedico solamente una hora y media a la semana el domingo. Pero sí, me dedico al fútbol, que es mi grandísimo deporte preferido y, y esto.*

Pregunta 2: ¿Qué le gusta hacer el fin de semana?

▶ *La prioridad número uno el fin de semana seguramente es descansar la cabeza, lo que yo digo "apagar el cerebro". Porque después de todas esas horas de trabajo pues el fin de semana es descansar y hacer pues lo que sale con los amigos, los planes que salgan.*

Pregunta 3: ¿Cuál es su receta preferida y qué ingredientes lleva?

▶ *Encontrar mi receta favorita pues entre todo el repertorio que tengo de recetas que suelo hacer, puesto que me encanta la cocina, es un poco difícil. Pero sí que me gustaría hablar de la carbonara pues porque habría que romper un mito a todos los españoles. Sobre todo para los españoles que, que piensan que la carbonara pues lleva nata, cebolla, champis y todo lo que pueda entrar. Pues no, la carbonara simplemente lleva huevos y panceta, y es lo más simple del mundo, pero es la carbonara original.*

Pregunta 4: ¿Cómo era su primer profesor de español?

▶ *Me gustaría decir que tengo una imagen borrosa de mi primer profesor de español, pero... Porque así parece que ha pasado mucho tiempo desde mi primera clase, pero no. La verdad es que me acuerdo perfectamente de su de su cara y de su forma de actuar porque fue un profesor fantástico. Digo fue porque ha marcado una etapa en... mi vida. Un hombre alto, pelado pero con muchísimas ganas de enseñar y un acento precioso. Y que gracias a él me he enamorado del español.*

Calificación A

Uso de la lengua: 5   Cumplimiento: 5

Alcance	Cohesión	Fluidez	Corrección	
Su nivel de lengua le permite desenvolverse con precisión y no restringir lo que quiere decir.	Su discurso está bien cohesionado.	Su discurso es fluido.	No comete apenas errores.	Responde adecuadamente a todas las preguntas.

Calificación B

Uso de la lengua: 2   Cumplimiento: 2

Alcance	Cohesión	Fluidez	Corrección	
Su nivel de lengua le permite expresarse de forma limitada.	Su discurso se comprende a veces con dificultad, no relaciona las partes entre sí.	Sus pausas son frecuentes.	Comete errores de manera frecuente.	Responde adecuadamente a dos preguntas.

4.2.4. La Tarea 1 de EIO: manos a la obra

Con lo aprendido en este apartado, responda a la Tarea 1 de EIO en la sección "Manos a la obra" de la Extensión digital del manual siguiendo las instrucciones. 🎙

---

1) Lea las instrucciones de la tarea.
2) Preste atención a las preguntas.
3) Si lo necesita, vuelva a escucharlas una vez más.
4) Responda cuando la grabación está activa.
5) Calcule cuánto tiempo duran sus respuestas y tenga en cuenta el tiempo máximo de grabación de respuestas para cada pregunta.

CONSEJOS PARA PRACTICAR

Le aconsejamos practicar grabándose mientras contesta a preguntas cortas sobre su entorno más cercano para lograr una experiencia parecida a la que tendrá el día del examen. No olvide calcular el tiempo que tarda en contestar cada pregunta para poder ajustarse al tiempo establecido.

Expresión e interacción orales

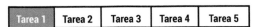

| Tarea 1 | Tarea 2 | Tarea 3 | Tarea 4 | Tarea 5 |

Usted debe contestar a cuatro preguntas de carácter personal. Las preguntas empiezan automáticamente. Si quiere escuchar otra vez una pregunta antes de grabar, pulse en Reproducir (✐). Después para grabar su respuesta, pulse en Grabadora (🎙) o puede esperar para grabar automáticamente.

- En las preguntas 1 y 2, tiene 15 segundos para grabar cada respuesta.

- En las preguntas 3 y 4, tiene 30 segundos para grabar cada respuesta.

Respuesta 1

 Reproducir   Grabando Quedan 00:09   Terminar grabación

Respuesta 2

 Reproducir   Grabar

Respuesta 3

 Reproducir   Grabar

Respuesta 4

 Reproducir   Grabar

Siguiente

4.3. La Tarea 2 de EIO
4.3.1. La Tarea 2 de EIO: cómo es

En la Tarea 2 de la prueba de Expresión e interacción orales tiene que describir oralmente una fotografía siguiendo las pautas que se proponen.

Expresión e interacción orales

| Tarea 1 | Tarea 2 | Tarea 3 | Tarea 4 | Tarea 5 |

Usted tiene que describir una de estas fotografías. Elija una:

⧖ Tiempo para elegir la opción: 00:30

OPCIONES: Usted dispone de 30 segundos para elegir una de las dos opciones. Si no lo hace en ese tiempo, el sistema selecciona una.

Opción 1

Opción 2

Expresión e interacción orales

| Tarea 1 | Tarea 2 | Tarea 3 | Tarea 4 | Tarea 5 |

INSTRUCCIONES Y PAUTAS: En esta tarea las instrucciones y las pautas siempre son iguales.

Opción 1

Describa la fotografía. Estos son los aspectos que tiene que comentar:

- Cuántas personas hay y qué relación existe entre ellas.
- Cómo son esas personas y qué ropa llevan.
- Qué están haciendo esas personas y cómo cree que se sienten.
- En qué lugar se encuentran y cómo es.
- Qué objetos hay, cómo son y dónde están.

Tiene dos minutos para preparar la tarea. Si lo desea, puede tomar notas.

Después, grabe su respuesta. La grabación empieza automáticamente. Tiene de uno a dos minutos para realizar la tarea.

FOTOGRAFÍA: Las situaciones que aparecen en las fotografías reflejan momentos cotidianos. En ellas aparecen comportamientos socioculturales básicos y generales, relacionados con los ámbitos personal y público.

Escriba aquí sus notas. NO EVALUABLE

TIEMPO DE PREPARACIÓN Y NOTAS: Tiene 2 minutos y medio para preparar esta tarea. Además, cuenta con un espacio para tomar notas que puede utilizar durante su exposición oral. Este contenido no es evaluado.

 Grabación automática en: 02:30

¡ATENCIÓN! Si pulsa [Siguiente], sale de la tarea y no puede volver a ella.

[Siguiente]

TIEMPO PARA RESPONDER: Tiene 2 minutos para responder a todas las pautas de la tarea. Es recomendable emplear entre 1 y 2 minutos.

Las **imágenes** de la **Tarea 2** tratan **temas**:

▸ personales (relaciones entre personas, vida cotidiana...);

▸ públicos (servicios, sociedad, viajes, alojamientos, transportes, ocio y mundo laboral...).

La **Tarea 2 evalúa** su capacidad para hacer una **breve presentación oral** a partir de una fotografía y una serie de pautas. Esta tarea valora el **nivel A2** y su puntuación representa el 20 % del valor total de la prueba (250 puntos SIELE).

Todos los candidatos, incluidos aquellos que buscan o esperan alcanzar una puntuación superior al A2, deben hacerla.

4.3.2. La Tarea 2 de EIO: cómo se resuelve

CÓMO RESOLVER LA TAREA: PASO 1

Seleccione una fotografía

▶ **Mire las dos fotografías** y observe algunas de sus características:

- Las personas. De un vistazo, fíjese en cómo son, qué ropa llevan, qué están haciendo, cómo se sienten, etc.
- Las acciones o situaciones. De un vistazo, ¿qué están haciendo las personas de la fotografía?
- El lugar. De un vistazo, ¿dónde se realiza la acción?, ¿cómo es ese lugar?, ¿puede describirlo?
- Los objetos. De un vistazo, ¿conoce los objetos que aparecen en cada una de las fotografías?

▶ **Seleccione una de las dos fotografías.** Elija la fotografía con la que está más cómodo y con la que puede describir un mayor número de características y utilizar las palabras que conoce.

▶ Recuerde que tiene **30 segundos** para llevar a cabo este paso.

ACTIVIDAD 1

Observe estas dos fotografías y piense en las características principales de cada una. Después, seleccione la que prefiere describir.

Opción 1

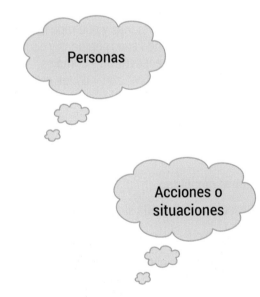

Personas

Acciones o situaciones

Opción 2

Objetos

Lugar

CÓMO RESOLVER LA TAREA: PASO 2

Prepare el monólogo

▸ **Analice la fotografía** teniendo en cuenta las pautas de la tarea y preste atención a los detalles. Aunque en esta tarea puede responder a las pautas en cualquier orden, le recomendamos seguir el orden establecido para no olvidar ningún punto.

▸ **Tome nota de las palabras** que conoce y quiere utilizar en su monólogo. Puede utilizar también expresiones o referirse a aspectos culturales que estén relacionados con la tarea.

▸ Recuerde que tiene **2 minutos y medio** para llevar a cabo este paso.

▸ Para practicar esta tarea en la extensión digital del manual **acceda a la Tarea 2** en la sección "Cómo se resuelve" y grabe su respuesta.

 ACTIVIDAD 2

Observe atentamente la fotografía que ha seleccionado y tome nota de todas las características que se indican en las pautas de la tarea.

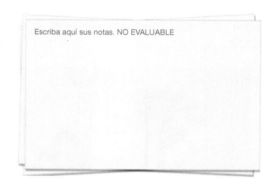

Escriba aquí sus notas. NO EVALUABLE

Describa la fotografía. Estos son los aspectos que tiene que comentar:

- Cuántas personas hay y qué relación existe entre ellas.
- Cómo son esas personas y qué ropa llevan.
- Qué están haciendo esas personas y cómo cree que se sienten.
- En qué lugar se encuentran y cómo es.
- Qué objetos hay, cómo son y dónde están.

CÓMO RESOLVER LA TAREA: PASO 3

Grabe el monólogo

▸ Describa la fotografía siguiendo las **pautas** y sus **notas**.

▸ Tenga en cuenta el tiempo disponible para responder: **2 minutos**.

▸ Preste atención al **uso de la lengua** que hace (cohesión del discurso, fluidez, corrección, alcance y pronunciación...).

Soluciones: pág. 15
en la Extensión digital

  ACTIVIDAD 3

Para hacer la descripción de la fotografía, le será útil utilizar recursos como estos:

fuera de	dentro de	delante de	encima de	debajo de
al fondo de	detrás de	al lado de	enfrente de	entre

Fíjese en las fotografías anteriores y practique seleccionando la opción correcta en estas frases:

- Los futuros papás están *al fondo de/entre* la cocina.
- Hay un señor sentado en un banco *detrás de/enfrente de* la chica de las gafas de sol.
- Los chicos que están en el restaurante se han sentado uno *delante/al lado* del otro.
- Los tomates y las zanahorias están *dentro de/fuera de* la ensalada.
- Los cubiertos están *encima/debajo* de la mesa.

4.3.3. La Tarea 2 de EIO: cómo se califica

Soluciones: pág. 16
en la Extensión digital

ACTIVIDAD 1

Escuche las respuestas que dieron dos candidatos a la Opción 2 de la Tarea 2 en la sección "Cómo se califica" de la Extensión digital del manual. Fíjese en los puntos que cumplió el Candidato 1 (Respuesta 1) y señale los que cumplió el Candidato 2 (Respuesta 2) para saber qué calificación le corresponde a cada uno. Después, puede leer los informes de calificación en la página 16.

Describa la fotografía. Estos son los aspectos que tiene que comentar:

- Cuántas personas hay y qué relación existe entre ellas.
- Cómo son esas personas y qué ropa llevan.
- Qué están haciendo esas personas y cómo cree que se sienten.
- En qué lugar se encuentran y cómo es.
- Qué objetos hay, cómo son y dónde están.

Candidato 1 (Respuesta 1)

Respuesta del usuario

En este fotograma am... hay dos personas y son novios y viven en Madrid, creo am... Esas personas son muy *simpáticos y tienen una relación... muy fuerte y con am mucha pasión am... La ropa que llevan es muy casual y muy *cómodo para ellos, am... También están preparando la comida porque am... la familia de ellos están... viniendo a su casa am... Y también eh... los dos son muy simpáticos eh, los dos *son muy contentos porque am... ella está embarazada *con su primer bebé. Am... están en la cocina y la cocina es muy limpia y tiene *mucha-mucho color am... como rojo en la pared y *los-las luces azules. También ah... hay mucha comida en la cocina am... como ensalada y tomates y zanahorias y también galletas am... porque están preparando la comida para su familia. Y... am... también ah... el hombre está poniendo *sus manos en am... el estómago de su esposa porque... ella está embarazada y él está muy contento am... porque los dos *crean que es un... am... varón o hijo.

Candidato 2 (Respuesta 2)

Respuesta del usuario

Eh… hay dos personas eh… y me *paracen que eh… están *casadas eh… y una es una mujer rubia que lleva una camiseta y pantalones y em… el otro es un hombre que… es moreno y tiene una camisa y vaqueros em… Los dos me parecen bastante eh… contentos y eh… Creo que ella está embarazada y em… están hablando pero no sé de qué eh… Están en una cocina… Es un-un espacio muy limpio y hay mucha luz… eh… Están eh… Están en… No están sentados, están hablando *en pie y eh… eso es todo.

Calificación A

Uso de la lengua: 4   Cumplimiento: 5

Alcance	**Cohesión**	**Fluidez**	**Corrección**	
Su nivel de lengua le permite desenvolverse con cierta precisión.	Su discurso es claro y coherente.	Realiza pausas cuando utiliza palabras o estructuras complejas.	Comete algún error cuando utiliza palabras o estructuras complejas.	Cumple con todos los puntos.

Calificación B

Uso de la lengua: 4   Cumplimiento: 3

Alcance	**Cohesión**	**Fluidez**	**Corrección**	
Su nivel de lengua le permite desenvolverse con cierta precisión	Su discurso es claro y coherente.	Realiza pausas cuando utiliza palabras o estructuras complejas.	Comete algún error cuando utiliza palabras o estructuras complejas.	Cumple con tres puntos, el resto no los menciona o lo hace de manera demasiado breve.

4.3.4. La Tarea 2 de EIO: manos a la obra

Con lo aprendido en esta sección, responda a la Tarea 2 de EIO en la sección "Manos a la obra" de la Extensión digital del manual siguiendo las instrucciones.

---

1) Lea las instrucciones.
2) Mire las dos fotografías.
3) Piense qué pautas podría responder para cada fotografía.
4) Seleccione una de las dos opciones.
5) Prepare su respuesta: analice la fotografía y tome notas.
6) Haga su exposición y calcule el tiempo. Tenga en cuenta que el tiempo máximo de grabación de respuesta es de 2 minutos en esta tarea.

CONSEJOS PARA PRACTICAR

Le aconsejamos practicar describiendo fotografías de situaciones cotidianas. Tenga en cuenta siempre las pautas de la tarea y calcule el tiempo que tarda en responderla para ajustarse al máximo de 2 minutos que dura la grabación en el examen oficial.

| Tarea 1 | Tarea 2 | Tarea 3 | Tarea 4 | Tarea 5 |

Usted tiene que describir una de estas fotografías. Elija una:

⏳ Tiempo para elegir la opción: 00:30

Opción 1

Opción 2

Expresión e interacción orales

| Tarea 1 | Tarea 2 | Tarea 3 | Tarea 4 | Tarea 5 |

Opción 2

Describa la fotografía. Estos son los aspectos que tiene que comentar:

- Cuántas personas hay y qué relación existe entre ellas.
- Cómo son esas personas y qué ropa llevan.
- Qué están haciendo esas personas y cómo cree que se sienten.
- En qué lugar se encuentran y cómo es.
- Qué objetos hay, cómo son y dónde están.

Tiene dos minutos para preparar la tarea. Si lo desea, puede tomar notas.

Después, grabe su respuesta. La grabación empieza automáticamente. Tiene de uno a dos minutos para realizar la tarea.

Escriba aquí sus notas. NO EVALUABLE

 Grabación automática en: 02:30

Siguiente

4.4. La Tarea 3 de EIO
4.4.1. La Tarea 3 de EIO: cómo es

En la Tarea 3 de la prueba de Expresión e interacción orales tiene que responder a dos situaciones: una informal, del ámbito personal (Parte primera, p. 104), y otra formal, del ámbito público (Parte segunda, p. 106). Puede elegir entre dos opciones para cada tipo de situación.

Expresión e interacción orales

| Tarea 1 | Tarea 2 | Tarea 3 | Tarea 4 | Tarea 5 |

Parte primera. Elija una de las siguientes opciones:

 Tiempo para elegir la opción: 01:00

> **OPCIONES:** Usted dispone de 1 minuto para elegir una de las dos opciones. Si no lo hace en ese tiempo, el sistema selecciona una.

➡ Rechazar una invitación

Su amigo Pedro le invita a almorzar, pero usted no puede ir. Tiene que:

- disculparse;
- explicar las razones por las que no puede acompañarlo;
- proponer alternativas para verse otro día.

Opción 1

➡ Organizar una fiesta

Usted va a organizar una fiesta y está llamando a los invitados. Tiene que:

- informar de que hace una fiesta y por qué;
- decir dónde es la fiesta, qué día y a qué hora;
- explicar cómo llegar hasta ese lugar y qué harán en la fiesta.

Opción 2

> **PROCESO:** Es el mismo en la parte primera y en la parte segunda.

| Tarea 1 | Tarea 2 | Tarea 3 | Tarea 4 | Tarea 5 |

Opción 2. Organizar una fiesta

Usted va a organizar una fiesta y está llamando a los invitados. Tiene que:

- informar de que hace una fiesta y por qué;
- decir dónde es la fiesta, qué día y a qué hora;
- explicar cómo llegar hasta ese lugar y qué harán en la fiesta.

Grabe su respuesta. La grabadora empieza automáticamente. Tiene un minuto y medio para realizar esta tarea.

> **INSTRUCCIONES Y PAUTAS:** En esta tarea las instrucciones y las pautas siempre son diferentes.

> **TIEMPO PARA RESPONDER:** Tiene un máximo de 1 minuto y 30 segundos para responder a cada situación. Puede detener la grabadora en cualquier momento. Si no lo hace, la grabación finaliza al cumplir el tiempo máximo.

 Grabación automática en: 00:20

> **¡ATENCIÓN!** Si pulsa `Siguiente`, sale de la tarea y no puede volver a ella.

`Siguiente`

> **SIN TIEMPO DE PREPARACIÓN:** Una vez seleccionada la opción, tiene 20 segundos para comenzar la grabación.

> Las **situaciones** de la **Tarea 3** tratan **temas**:
> - del ámbito personal (la vida cotidiana, las relaciones con otras personas…);
> - del ámbito público (los servicios, la vivienda, la sociedad, los viajes, el alojamiento, los transportes…).

> **La Tarea 3 evalúa** su capacidad para desenvolverse en las **situaciones comunicativas** durante un máximo de un minuto y medio. Esta tarea valora **el nivel B1** y su puntuación representa el 20 % del valor total de la prueba (250 puntos SIELE).
>
> Todos los candidatos, incluidos aquellos que buscan o esperan alcanzar una puntuación superior al B1, deben hacerla.

4.4.2. La Tarea 3 de EIO: cómo se resuelve

Soluciones: pág. 16
en la Extensión digital

⊛ ⁂ ACTIVIDAD 1

Lea las respuestas de dos candidatos a las dos opciones de la parte primera, del ámbito personal, y complete los huecos con los recursos necesarios.

Opción 1. Proponer una excursión

Usted quiere hacer una excursión el fin de semana y llama a su amigo para invitarle. Usted tiene que:

- saludar e invitar a su amigo a ir con usted;
- decirle adónde quiere ir y por qué eligió ese lugar;
- proponer diferentes actividades para hacer allí.

Opción 2. Recomendar un restaurante

Usted recibe la llamada de un amigo que le pide consejo sobre dónde ir a cenar. Usted tiene que:

- saludar y hacer una pregunta personal;
- decir su opinión sobre diferentes restaurantes de la ciudad;
- recomendar su restaurante favorito y explicar por qué le gusta.

Opción 1

> ¡Hola! Buenos días... ▭▭▭▭ si quieres ir a Florida conmigo este fin de semana. Vamos a ir mis padres y yo para tener una *vacación y queremos saber si quieres venir tú también con nosotros. Vamos a ir a Florida ▭▭▭▭, porque... hace sol... Y allí podemos ir a Disney, podemos ir a lo... a los parques que tienen las *montaña rusas y ▭▭▭▭. Entonces, ▭▭▭▭ pronto, a ver si quieres ir con nosotras. Adiós.

Quería saber	si puedes responderme	porque hace muy buen tiempo
	lo vamos a pasar muy bien	

Opción 2

> ¡Hola! Buenas, amiga. Qué tal ah... ¿estás bien? Creo que sí. Ah... ▭▭▭▭, hay muchos restaurantes que puedes *irte am... con diferentes tipos de comida como comida de China, o comida de Estados Unidos, como una hamburguesa o algo como así. Ahmm, pues no sé qué quieres comer, pero ▭▭▭▭ que son muy *buenas ah... buenos, como por ejemplo La Gran Hamburguesa Tiene hamburguesas. Y también hay un pub que se llama, que se llama... El Pub Irlandés: tiene nachos. También hay una... un lugar con tapas, muy buenas. Y ▭▭▭▭ como eh... ah... en la calle con... eh... el mercado. También ▭▭▭▭, puedes buscar en el Internet con *otros opciones. También. Y... Te amo, chao.

Pues en mi opinión	si quieres	yo conozco algunos restaurantes
	también hay restaurantes un poco más elegantes	

Para escuchar las respuestas acceda a las opciones de la Tarea 3 en la sección "Cómo se resuelve" de la extensión digital.

CÓMO RESOLVER LA TAREA: PASO 2

▶ Una vez seleccionada la opción, tiene 20 segundos para empezar la grabación. Haga una breve **planificación** de lo que va a decir.

▶ Tiene **1 minuto y medio** para hacer su **exposición**. Si termina antes del tiempo establecido, puede detener la grabación pulsando ⬛ Terminar grabación

▶ Siga los mismos pasos para resolver la situación 2 de la Tarea 3.

Soluciones: pág. 16 en la Extensión digital

 **ACTIVIDAD 2**

Lea las dos opciones de la parte segunda, del ámbito público, de la Tarea 3. Después, relacione los recursos que encontrará a continuación para cada una de las opciones. ¿Sabría decir a qué pautas responde cada uno de los recursos? Fíjese en el ejemplo.

Expresión e interacción orales

| Tarea 1 | Tarea 2 | **Tarea 3** | Tarea 4 | Tarea 5 |

Parte segunda: Elija una de las siguientes opciones:

 Tiempo para elegir la opción: 01:00

➡ Opción 1. Solicitar un documento

Usted necesita pedir un visado para viajar a un país extranjero y va a una oficina de la embajada. Usted tiene que:

- saludar y decir qué quiere solicitar;
- explicar el motivo de su viaje;
- decir cuántas veces ha estado allí, informar de la duración del viaje, del alojamiento.

Opción 1

➡ Opción 2. Solicitar un puesto de trabajo

Usted va a solicitar un puesto de trabajo en una empresa internacional. Usted tiene que:

- saludar y presentarse;
- explicar por qué quiere trabajar en esa empresa;
- hablar de los idiomas que conoce y de por qué son útiles para su trabajo.

Opción 2

Opción 1

- Hago este viaje...
- Es la primera vez que...
- Buenos días...
- Me alojaré...
- Tengo pensado...

Opción 1

... viajo a este país.
... necesito un visado para viajar a Australia.
... quedarme un mes.
... porque unos amigos míos viven allí.
... en casa de mis amigos.

Saludar y decir qué quiere solicitar

Opción 2

- Yo hablo chino e inglés...
- Buenos días...
- Me gustaría...
- Soy...
- Por eso...

Opción 2

... licenciada en periodismo.
... además de español.
... me llamo Daida García.
... creo que podría ocuparme de la comunicación con este país.
... trabajar en su empresa por sus relaciones con China.

Prepárese para el SIELE

Expresión e interacción orales

Tarea 3

108

4.4.3. La Tarea 3 de EIO: cómo se califica

CÓMO SE CALIFICA

La Tarea 3 de la prueba de Expresión e interacción orales la califican expertos en evaluación que utilizan las escalas de calificación estandarizadas del SIELE.

La escala para calificar esta tarea consta de dos categorías: Uso de la lengua y Cumplimiento de la tarea.

En el uso de la lengua se evalúa la manera de expresarse: la cohesión del discurso, la fluidez y pronunciación, la corrección y el alcance.

En el cumplimiento de la tarea se tiene en cuenta si resuelve de manera adecuada las situaciones de la Tarea 3 y responde a los puntos de desarrollo.

La escala tiene 6 puntos que van de 0 a 5. Puede ver la escala en la página 141.

Soluciones: pág. 16 en la Extensión digital

ACTIVIDAD 1

Escuche la respuesta que dio un candidato a dos situaciones de la Tarea 3 en la sección "Cómo se califica" de la Extensión digital del manual. ¿Sabría decir cuál de las dos calificaciones le corresponde? Después, puede leer el informe de calificación en la página 16 de las Soluciones que están en la Extensión digital del manual.

Parte primera. Opción 1. Proponer una excursión

Usted quiere hacer una excursión el fin de semana y llama a su amigo para invitarle. Usted tiene que:

- saludar e invitar a su amigo a ir con usted;
- decirle adónde quiere ir y por qué eligió ese lugar;
- proponer diferentes actividades para hacer allí.

Respuesta del usuario ▶

> *Hola, ¿Samuel? No sé qué estás haciendo en este momento pero si... si tienes tiempo puedes venir conmigo para una excursión... Parece eh... *Encuentro un lugar que parece muy guay y *que... en donde *ponemos ah... pues podemos hacer eh... alpinismo y kayak y un poco de... tal vez un poco de ciclismo, pero no estoy seguro sobre ese punto. Podemos ir allá con... con tu coche pero puedo conducir si no *lo *quiere y lo... y pues... Es *este, espero *que voy a verte allá.*

Después de escuchar la respuesta del candidato a la opción **Proponer una excursión** pulse `Siguiente`.

Parte segunda. Opción 1. Solicitar un documento

Usted necesita pedir un visado para viajar a un país extranjero y va a una oficina de la embajada. Usted tiene que:

- saludar y decir qué quiere solicitar;
- explicar el motivo de su viaje;
- decir cuántas veces ha estado allí, informar de la duración del viaje, del alojamiento.

Respuesta del usuario ▶

Hola. He llamado para... Llamo para preguntar si es posible tener un *visa de estudios para España, pues como he dicho un poco an... un poqui, un poquitín antes am... Voy a España para estudiar entonces voy a estar allá por ah... por pienso que es algo como cuatro meses... *Es, va a ser mi primera vez allá y... voy, para el primer mes voy a estar una familia de... de españoles y después voy a buscar alojamiento en tal vez un *apartamiento... Quizá continuar con la familia si todo se... todo pasa bien am... Pues es *este, espero *que una respuesta próximamente. Gracias *para responder.

Calificación A

Uso de la lengua: 4   Cumplimiento: 5

Alcance	**Cohesión**	**Fluidez**	**Corrección**	
Su nivel de lengua le permite desenvolverse con cierta precisión.	Su discurso es claro y coherente.	Realiza pausas cuando utiliza palabras o estructuras complejas.	Comete algún error cuando utiliza palabras o estructuras complejas.	Cumple con todos los puntos.

Calificación B

Uso de la lengua: 3   Cumplimiento: 4

Alcance	**Cohesión**	**Fluidez**	**Corrección**	
Su nivel de lengua le permite desenvolverse en las situaciones de forma sencilla.	Su discurso se comprende pero utiliza solo elementos de enlace sencillos.	Realiza pausas al usar estructuras habituales.	Comete errores al usar estructuras habituales.	Cumple con todos los puntos menos uno.

4.4.4. La Tarea 3 de EIO: manos a la obra

Con lo aprendido en esta sección, responda a la Tarea 3 de EIO en la sección "Manos a la obra" de la Extensión digital del manual siguiendo las instrucciones. 🎙

1) Lea las instrucciones de la tarea.
2) Lea los títulos de las dos opciones propuestas como situación informal.
3) Seleccione una de las dos opciones.
4) Planifique brevemente lo que va a decir.
5) Haga su exposición en un tiempo máximo de 1 minuto y medio o detenga su grabación antes.
6) Lea los títulos de las dos opciones propuestas como situación formal.
7) Seleccione una de las dos opciones.
8) Planifique brevemente lo que va a decir.
9) Haga su exposición en un tiempo máximo de 1 minuto y medio o detenga su grabación antes.

CONSEJOS PARA PRACTICAR

Practique dando respuesta a otras situaciones cotidianas, informales y formales. El formato de respuesta que se espera es parecido a los mensajes que se dejan en un contestador o a los mensajes de voz que se envían por mensajería instantánea. No olvide calcular el tiempo que tarda en hacer cada opción de la tarea.

Expresión e interacción orales

| Tarea 1 | Tarea 2 | **Tarea 3** | Tarea 4 | Tarea 5 |

Parte primera. Elija una de las siguientes opciones:

 Tiempo para elegir la opción: 01:00

➡ Rechazar una invitación

Usted ha recibido la invitación a la boda de un amigo y lo llama. Usted tiene que:

- saludar y felicitarlo;
- rechazar la invitación y explicar por qué no puede ir;
- ofrecerse para organizar la despedida de soltero y hacer una propuesta.

Opción 1

➡ Comunicar que ha ganado una beca

Usted ha ganado una beca para ir al extranjero a estudiar español y llama a un amigo hispano para darle la noticia. Usted tiene que:

- saludar y dar la noticia;
- informar sobre la beca (destino, curso, alojamiento, etc.);
- explicar por qué el español le será útil en el futuro.

Opción 2

Expresión e interacción orales

| Tarea 1 | Tarea 2 | **Tarea 3** | Tarea 4 | Tarea 5 |

Parte segunda. Elija una de las siguientes opciones:

 Tiempo para elegir la opción: 01:00

➡ Contratar un viaje

Usted tiene que organizar un viaje de empresa y va a una agencia de viajes. Usted tiene que:

- saludar e informar del lugar al que quieren viajar y de cuántas personas son;
- explicar cómo debe ser el viaje: duración, hotel y actividades;
- contar un problema que tuvo en el último viaje de empresa para que no pase otra vez.

Opción 1

➡ Buscar compañero de apartamento

Usted está buscando un compañero para compartir su apartamento y habla con una persona que está interesada en vivir con usted. Usted tiene que:

- saludar y presentarse brevemente;
- describir el apartamento: zona o barrio, habitaciones y precio;
- informar de las normas de la casa: hacer fiestas, limpiar y tener animales.

Opción 2

4.5. La Tarea 4 de EIO

4.5.1. La Tarea 4 de EIO: cómo es

En la Tarea 4 de la prueba de Expresión e interacción orales tiene que leer un texto breve y responder a tres preguntas relacionadas con él. Puede elegir entre dos opciones distintas antes de responder a la Tarea 4. El tema de la opción escogida es el mismo para la Tarea 5.

Expresión e interacción orales

| Tarea 1 | Tarea 2 | Tarea 3 | Tarea 4 | Tarea 5 |

Elija uno de los siguientes temas para hablar sobre él en las tareas 4 y 5.

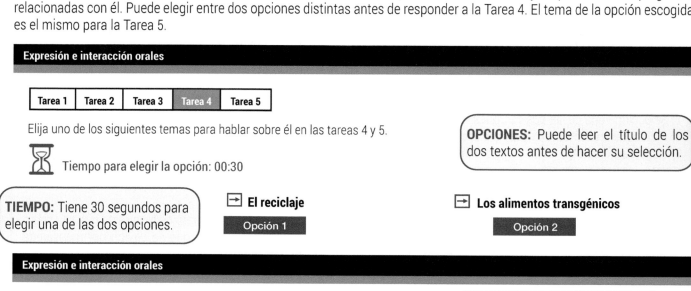

Tiempo para elegir la opción: 00:30

OPCIONES: Puede leer el título de los dos textos antes de hacer su selección.

TIEMPO: Tiene 30 segundos para elegir una de las dos opciones.

→ **El reciclaje**
Opción 1

→ **Los alimentos transgénicos**
Opción 2

Expresión e interacción orales

| Tarea 1 | Tarea 2 | Tarea 3 | Tarea 4 | Tarea 5 |

INSTRUCCIONES: En esta tarea las instrucciones siempre son iguales.

Opción 1

Lea el texto. A continuación, pulse para escuchar cada pregunta () y grabe su respuesta (🎤). Tiene usted 1 minuto para responder cada pregunta.

TIEMPO PARA RESPONDER: Tiene 1 minuto para responder a cada una de las tres preguntas.

> ● **EL RECICLAJE** ●
> A nivel mundial, el manejo de la basura es uno de los factores que más afecta al medio ambiente. El incremento de basureros altera el ecosistema y pone en peligro la flora y la fauna del planeta. En una visión ecológica del mundo, el reciclaje es la medida principal para conseguir la disminución de residuos sólidos.

Pregunta 1

 El audio empezará en: 01:00   🎤 Grabar

TEXTO: Los textos son breves y contienen opiniones o información sobre diversos temas que sirven como estímulo. Tiene 1 minuto para leer el texto y escuchar la primera pregunta.

Pregunta 2

 Reproducir   🎤 Grabar

Pregunta 3

 Reproducir   🎤 Grabar

PREGUNTAS: Las preguntas comienzan de forma automática. En ellas se pide que dé información, exprese su opinión y se ponga en una situación hipotética. Puede escucharlas dos veces antes de comenzar la grabación de la respuesta.

¡ATENCIÓN! Si pulsa Siguiente , sale de la tarea y no puede volver a ella.

Siguiente

Los **textos** de la **Tarea 4** tratan **temas**:

▸ de los ámbitos público, educativo o profesional;
▸ abstractos (economía e industria, política, ciencia y tecnología, geografía, naturaleza, cultura y educación...).

Los textos y audios de esta tarea pertenecen a diferentes variedades lingüísticas del mundo hispánico.

La Tarea 4 evalúa su capacidad para llevar a cabo una **interacción con el sistema** durante un máximo de tres minutos. Esta tarea valora **el nivel B2** y su puntuación representa el 20 % del valor total de la prueba (250 puntos SIELE).

Todos los candidatos, incluidos aquellos que buscan o esperan alcanzar una puntuación superior al B2, deben hacerla.

4.5.2. La Tarea 4 de EIO: cómo se resuelve

CÓMO RESOLVER LA TAREA: PASO 1

▶ **Lea las dos opciones** propuestas y seleccione el tema que mejor conoce o que le parece más interesante. Tiene 30 segundos para hacer la selección. Si no lo hace en ese tiempo, el sistema selecciona uno de manera aleatoria. Recuerde: la Tarea 5 trata sobre el mismo tema que seleccione ahora en la Tarea 4.

CÓMO RESOLVER LA TAREA: PASO 2

▶ **Tiene un minuto para leer el texto** que corresponde a la opción seleccionada. Léalo detenidamente y fíjese: ¿Cuál es la idea principal? ¿Aparece en el texto la opinión del autor o, simplemente, se informa o se expone algo? ¿Hay en el texto argumentos o ejemplos? Tome nota de estas ideas y relaciónelas con sus conocimientos sobre ese tema. Pasado el tiempo reservado para la lectura del texto, comienzan las preguntas de la tarea.

🔹 ▒ **ACTIVIDAD 1**

Lea el texto correspondiente a la Opción 2 de la Tarea 4 y conteste a las preguntas.

Opción 2

Hacer tu mente más ágil

Hacer cálculos mentales, recordar el número telefónico de tu mejor amigo o simplemente leer un mapa son ejercicios mentales que actualmente dejas en manos de tu teléfono móvil listo para resolver tus necesidades con un solo clic.

Sin embargo, al tratar de hacer este tipo de tareas sin esos maravillosos aparatos, tal vez ya no te sea tan fácil obtener un resultado correcto o con la misma habilidad de antes; o peor aún, tu mente puede estar perdiendo la capacidad de realizarlo.

Varias investigaciones han demostrado que el entrenamiento mejora la habilidad de tu mente y, sorprendentemente, son los teléfonos móviles los que pueden ayudarte a lograr esto a través de aplicaciones que permiten hacer practicar tu cerebro.

(Adaptado de *www.dineroenimagen.com/2016-05-21/73253*. México)

- ¿Cuál es la idea principal?

- ¿Aparece en el texto la opinión del autor o, simplemente, se informa o se expone algo?

- ¿Hay en el texto argumentos o ejemplos?

- Resuma el texto en una frase.

- ¿Cuál es su opinión en relación con la información del texto?

CÓMO RESOLVER LA TAREA: PASO 3

▸ Después de leer el texto, va a escuchar las tres preguntas. Comienzan de manera automática y tiene 15 segundos desde que acaba cada pregunta hasta que empieza la grabación de la respuesta. Durante esos segundos, puede volver a escuchar la pregunta, planear su respuesta o, si lo prefiere, puede adelantar la grabación de su respuesta pulsando el botón de Grabación automática en: 00:15

▸ En sus respuestas debe expresar su opinión, proporcionar información o hacer una hipótesis sobre el tema elegido. Tiene hasta un minuto para responder a cada pregunta. Puede detener antes la grabación pulsando el botón de

 Terminar grabación

Soluciones: pág. 17 en la Extensión digital

ACTIVIDAD 2

Para contestar bien a las preguntas de la Tarea 4, es necesario entender qué se le pide en cada una de ellas. Acceda a la Opción 2 (Hacer tu mente más ágil) de la Tarea 4 en la sección "Cómo se resuelve" de la Extensión digital del manual, escuche las tres preguntas correspondientes al texto de la página anterior e indique si la propuesta es verdadera o falsa. Después, intente contestar como lo haría en el examen y grabe su respuesta.

	Pregunta...	¿Verdadero o falso? ¿Por qué?	¿Qué contestaría usted?
Pregunta 1	si el uso de los móviles influye en la forma de pensar de la gente.	*Falso. Pregunta si el uso de móviles influye en los procesos mentales, no en la forma de pensar de la gente.*	
Pregunta 2	cómo me aprovecho de las funciones que ofrecen las aplicaciones para móvil.		
Pregunta 3	si aconsejaría usar el teléfono móvil en los colegios si fuera una autoridad educativa en mi país.		

Soluciones: pág. 17 en la Extensión digital

ACTIVIDAD 3

Vea ahora las respuestas que dieron diferentes candidatos a la Opción 2 de la Tarea 4. ¿Sabría decir en qué respuesta están dando su opinión y en cuál información? Tome nota de los recursos que le han ayudado a identificar cada tipo de respuesta y añada otros que conozca.

RESPUESTAS	OPINIÓN	INFORMACIÓN	HIPÓTESIS	RECURSOS
Si fuera una autoridad educativa, yo aconsejaría establecer un tiempo específico para el uso del móvil.			x	"Si fuera..., aconsejaría..." Otros:
Sí, creo que los teléfonos móviles pueden ayudar a desarrollar las capacidades mentales.				Otros:
No solo usamos el móvil para mandar audios, sino también para comunicarnos a través de las redes sociales.				Otros:

4.5.3. La Tarea 4 de EIO: cómo se califica

Soluciones: pág. 17
en la Extensión digital

ACTIVIDAD 1

Escuche las respuestas que dio este candidato a las tres preguntas de la Opción 1 de la Tarea 4 en la sección "Cómo se califica" de la Extensión digital del manual. ¿Sabría decir cuál de las dos calificaciones (A o B) le corresponde? Después, puede leer los informes de calificación en la página 16 de las Soluciones que están en la Extensión digital del manual.

Opción 1

Debate por la instalación de grandes superficies

Las grandes superficies son la forma más rápida de consumir todo lo que se quiera. Nos ofrecen la oportunidad de ver toda clase de objetos pasando por delante de nuestros ojos, gritándonos "cómprame" y mostrándose a primera vista como altamente confiables porque, como mucha gente los consume, siempre son nuevos. Debido a esto, el pequeño comercio se encuentra ante el problema o aventura, según como se vea, de tener que sobrevivir ante estas grandes cadenas que ofrecen más y más barato.

Sin embargo, más allá de esa forma de consumismo ilimitado, los consumidores pueden escoger entre distintas opciones; a veces razonables, como comprar únicamente lo que se necesita; y otras no tanto, como comprar productos innecesarios, simplemente por ser baratos.

(Adaptado de *www.diarioelpueblo.com.uy/generales/la-polemica-por-la-instalacion-de-los-grandes-superficies.html*. Uruguay)

Respuesta del usuario ▶

Pregunta 1: *¿Cree usted, como dice el texto, que las ventajas sobre el consumo en grandes superficies colocarían al pequeño comercio en un segundo lugar? Diga por qué sí o por qué no.*

En el mundo actual, pienso que es verdad que la instalación de grandes superficies puede colocar eh... los pequeños vendedores en un segundo lugar porque es... es verdad que es mucho más cómodo *de ir a las grandes superficies y encontrar-encontrar todo lo que quieras a... un precio mucho más barato. Y... pues... no, no tienes que *pasar mucho tiempo *a... *a ir a comprar cosas. Puedes hacerlo en *algún-es, *algo como una hora y media *u media hora. Y... pues... tienes lo que, todo lo que quieres y... Sí. Es esto.

Respuesta del usuario

Pregunta 2: *¿Cuáles son sus preferencias a la hora de obtener productos? ¿Las grandes superficies o el tradicional comercio de toda la vida? Justifique su respuesta.*

> *Pues, la cosa es que de donde vengo no hay pequeños merc... pequeños vendedores o *pequeño mercados. Entonces *la, todo lo que conozco son las grandes superficies. Para mí es un poco... no sé cómo funcionaría el mercado nor... habitual porque mi normal está en las superficies... Puedes encontrar todo y... pues no sé cómo funcionan las otras... Entonces, no podría dar una respuesta completa.*

Respuesta del usuario

Pregunta 3: *Si usted fuera el representante de una asociación de consumidores, ¿qué consejos les daría a sus miembros para ayudarles sobre un consumo razonable y equilibrado?*

> *A ver, mis consejos para los consumidores, para un consumo razonable y equilibri... equilibrado *sería tal vez *de preguntarse si lo necesitas realmente o si lo compras solo porque es barato. Porque... pues... si por ejemplo tienes que... comprar algo o quieres comprar algo, sería mejor que la próxima vez, que no lo *compras en ese momento y que la próxima vez que lo *ves y si quieres... si lo quieres todavía, puedes comprarlo. Porque vas a tener tiempo para... pensar si lo necesitas realmente y si... si lo quieres realmente. Porque si no lo *utilices... ¿por qué, por qué comprarlo? No lo... [Fin de la grabación]*

Calificación A

Uso de la lengua: 3   Cumplimiento: 5

Alcance	**Cohesión**	**Fluidez**	**Corrección**	
Su nivel de lengua le permite usar estructuras habituales y vocabulario sencillo.	Su discurso se comprende, pero usa elementos de cohesión frecuentes.	Hace pausas para planear lo que quiere decir. Puede que sea más fluido y claro si habla poco.	Comete errores, pero se le comprende.	Responde adecuadamente a todas las preguntas.

Calificación B

Uso de la lengua: 4   Cumplimiento: 4

Alcance	**Cohesión**	**Fluidez**	**Corrección**	
Su nivel de lengua le permite aportar información, expresar sus opiniones y defenderlas.	Su discurso es claro y coherente.	Realiza pausas cuando utiliza estructuras y palabras complejas o habla de temas poco habituales.	Comete algún error cuando utiliza estructuras y palabras complejas o habla de temas poco habituales.	Responde parcialmente a todas las preguntas.

4.5.4. La Tarea 4 de EIO: manos a la obra

Con lo aprendido en este apartado, responda a la Tarea 4 de EIO en la sección "Manos a la obra" de la extensión digital del manual siguiendo las instrucciones.

---

1) Lea las instrucciones de la tarea.

2) Lea los títulos de los dos temas propuestos.

3) Seleccione una de las dos opciones. Recuerde que en la Tarea 5 debe contestar al mismo tema que seleccione ahora.

4) Lea el texto y fíjese en las ideas y ejemplos que contiene.

5) Responda a las preguntas para dar información, expresar su opinión y ponerse en una situación hipotética.

CONSEJOS PARA PRACTICAR

Lea artículos y noticias de actualidad que traten diversos temas y, si es posible, practique participando en debates en los que dé información, exprese su opinión y formule hipótesis.

Expresión e interacción orales

Tarea 1	Tarea 2	Tarea 3	Tarea 4	Tarea 5

Elija uno de los siguientes temas para hablar sobre él en las tareas 4 y 5.

Tiempo para elegir opción: 00:25

→ **Adultos mayores estudian computación**

Opción 1

→ **Cuando el suelo regresa a la tierra**

Opción 2

ADULTOS MAYORES ESTUDIAN COMPUTACIÓN

Se puede aprender a cualquier edad. Y aunque el conocimiento muchas veces parezca algo reservado a los jóvenes, los mayores pueden aprender y manejar las nuevas tecnologías de la comunicación digital.

Algunos adultos mayores realizan cursos intensivos de iniciación digital que incluyen el aprendizaje del uso básico de una computadora, la búsqueda de información en Internet, el uso del correo electrónico y la comunicación por chat.

El objetivo es integrar a las personas mayores a esta vida moderna tan dominada por las nuevas tecnologías, explicó a *El Litoral* Marta Castellaro, secretaria de Extensión Universitaria. El hecho de que los adultos mayores de hoy puedan utilizar las nuevas tecnologías es una forma de conectar con las generaciones jóvenes.

(Adaptado de *www.ellitoral.com/index.php/diarios/2010/09/27/ educacion/EDUC-02.html.* Argentina).

CUANDO EL SUELO REGRESA A LA TIERRA

Muchas son las normas que se han considerado a lo largo de los años en busca de la sostenibilidad alimentaria. Sin embargo, alternativas más ecológicas han llegado para señalar un nuevo camino, para detener la destrucción en aumento de los espacios de cultivo.

La agricultura actual, intensiva y de larga duración, es una de las culpables, a largo plazo, de la disminución de la materia orgánica del suelo y también de la pérdida de este. De ahí que algunos especialistas defiendan un modelo agrícola dirigido a mejorar el trabajo de los campesinos mediante la aplicación de tres principios fundamentales: modificación mínima del suelo, mantenimiento permanente con materiales orgánicos y cambio de tipo de cultivos.

(Adaptado de *www.cubahora.cu/ciencia-y-tecnologia/ cuando-el-suelo-regresa-a-la-tierra.* Cuba)

Pregunta 1

 Reproduciendo... 00:00 Grabar

Pregunta 2

 Reproducir Grabar

Pregunta 3

 Reproducir Grabar

Pregunta 1

 Reproduciendo... 00:00 Grabar

Pregunta 2

 Reproducir Grabar

Pregunta 3

 Reproducir Grabar

4.6. La Tarea 5 de EIO
4.6.1. La Tarea 5 de EIO: cómo es

En la Tarea 5 de la prueba de Expresión e interacción orales tiene que argumentar a favor o en contra de una afirmación sobre el mismo tema que seleccionó en la Tarea 4 (El reciclaje). Puede elegir entre dos opciones distintas antes de responder a la tarea. Para acceder a la Tarea 5 debe hacerlo desde una de las opciones de la Tarea 4. No puede entrar en la Tarea 5 directamente.

Expresión e interacción orales

| Tarea 1 | Tarea 2 | Tarea 3 | Tarea 4 | Tarea 5 |

Elija uno de los siguientes temas para hablar sobre él en las tareas 4 y 5.

> **OPCIONES DE LA TAREA 5 ASOCIADAS A LA OPCIÓN 1 DE LA TAREA 4**

"Hay que limitar el consumo y el empleo de combustibles y materiales no reciclables porque el ritmo actual es insostenible y destruirá el planeta"

"El reciclaje es la única solución al problema de la contaminación ambiental y del calentamiento global existente".

Opción 1

Opción 2

 Tiempo para elegir opción: 00:30

> **TIEMPO:** Tiene 30 segundos para elegir una de las dos opciones.

Expresión e interacción orales

| Tarea 1 | Tarea 2 | Tarea 3 | Tarea 4 | Tarea 5 |

> **INSTRUCCIONES Y PAUTAS:** En esta tarea las instrucciones siempre son iguales.

Opción 1

"Hay que limitar el consumo y el empleo de combustibles y materiales no reciclables porque el ritmo actual es insostenible y destruirá el planeta".

Tiene 2 minutos para preparar una argumentación a favor o en contra de la opción elegida. Si lo desea, puede tomar notas.
No olvide:

- presentar su posición al respecto;
- justificar su posición exponiendo sus argumentos;
- ejemplificar;
- concluir dejando clara su postura.

Grabe su respuesta. La grabación empieza automáticamente.
Tiene de 3 a 4 minutos para realizar la tarea. Pulse en la grabadora para grabar su respuesta.

Escriba aquí sus notas. NO EVALUABLE

> **TIEMPO DE PREPARACIÓN Y NOTAS:** Tiene 2 minutos para preparar esta tarea. Además, cuenta con un espacio para tomar notas que puede utilizar durante su exposición oral. Este contenido no es evaluado.

 Grabación automática en: 02:00

> **TIEMPO PARA RESPONDER:** Tiene hasta 4 minutos para su exposición oral. Se recomienda hacerla en 3 o 4 minutos.

> **¡ATENCIÓN!** Si pulsa `Siguiente`, sale de la tarea y no puede volver a ella.

`Siguiente`

Los **textos** de la **Tarea 5** tratan **temas**:

▸ de los ámbitos público, educativo o profesional;

▸ abstractos (economía e industria, política, ciencia y tecnología, geografía, naturaleza, cultura y educación...).

Los textos y audios de esta tarea pertenecen a **diferentes variedades lingüísticas** del mundo hispánico.

La Tarea 5 evalúa su capacidad para desarrollar un **monólogo** durante un máximo de cuatro minutos eligiendo una afirmación entre dos opciones relacionadas con el tema de la Tarea 4. Esta tarea valora **el nivel C1** y su puntuación representa el 20 % del valor total de la prueba (250 puntos SIELE).

4.6.2. La Tarea 5 de EIO: cómo se resuelve

CÓMO RESOLVER LA TAREA: PASO 1

Lea las dos opciones propuestas y seleccione la frase que tiene la idea más interesante o sobre la que puede hablar y opinar con mayor facilidad. Tiene 30 segundos para hacer la selección. Si no lo hace en ese tiempo, el sistema selecciona una de manera aleatoria.

CÓMO RESOLVER LA TAREA: PASO 2

▶ Lea las **instrucciones y pautas** de la tarea. Fíjese, las pautas de la Tarea 5 nunca cambian; siempre debe presentar su opinión sobre el tema seleccionado, justificar su posición con argumentos, dar ejemplos y concluir dejando clara su postura.

▶ **Preparare su exposición** y anote sus ideas. Tenga en cuenta las pautas de la tarea y haga un esquema para organizar su monólogo. Tiene 2 minutos.

▶ Para practicar esta tarea en la Extensión digital del manual acceda a la Tarea 5 en la sección "Cómo se resuelve" y grabe su respuesta.

 Soluciones: pág. 17 en la Extensión digital

ACTIVIDAD 1

En la Tarea 5, dispone de un apartado para tomar notas que le ayuda a preparar su monólogo. Fíjese en estas notas que tomó un candidato para la Opción 1 (relacionada con la opción 2 de la Tarea 4: Hacer tu mente más ágil) y relacione los argumentos con sus ejemplos.

"La llegada de las nuevas tecnologías ha hecho que los profesionales de la educación se replanteen la pedagogía y el trabajo en el aula".

Opción 1

Argumentos	Ejemplos
La aparición de plataformas educativas en la red ha hecho que cambie la forma de impartir algunas asignaturas.	Existen diversos programas que permiten al profesor hacer revisiones de tareas sin necesidad de imprimir los documentos.
El proceso de entrega y revisión de materiales se ha agilizado gracias a la aparición de distintos formatos que permiten una mayor eficacia.	Muchas universidades utilizan Moodle, y otras plataformas educativas, para crear cursos a distancia o semipresenciales. La flexibilidad del medio de entrega permite que un mayor número de estudiantes cumpla los plazos establecidos. Los profesores optan por este tipo de plataformas porque han aumentado tanto el rendimiento como la participación de los alumnos en clase.

ACTIVIDAD 2

Cree usted ahora unas notas similares para la Opción 2 (relacionada con el tema 2 de la Tarea 4) y acuérdese de diferenciar entre argumentos y ejemplos.

"La cantidad excesiva de fuentes de datos disponibles a través de internet genera una mayor deformación de la información".

Opción 2

Escriba aquí sus notas. NO EVALUABLE

ARGUMENTOS	EJEMPLOS

▸ Deje claros los puntos que tiene que tratar en su monólogo. Enlace las ideas utilizando **conectores** y **subordinación de oraciones** y emplee un léxico variado y preciso. Intente concluir su exposición antes de terminar el tiempo de grabación, 4 minutos como máximo.

▸ Además, no olvide prestar atención al uso de la lengua que hace (cohesión del discurso, fluidez, corrección, alcance y pronunciación).

ACTIVIDAD 3

Soluciones: pág. 17
en la Extensión digital

Complete la respuesta transcrita de uno de los candidatos a la Opción 1 de la Tarea 5 a partir de los conectores del recuadro. Cuidado: hay un conector que no usará. Para comprobar sus respuestas, escuche el audio en la Respuesta 1 de la Tarea 5 de EIO en la sección "Cómo se resuelve" de la Extensión digital del manual. Puede leer el informe de calificación en la página 17 de las Soluciones que están en la Extensión digital del manual. ▶

por ejemplo	También	además
tampoco	~~por supuesto~~	en resumen
aunque	entonces	pero

La llegada de las nuevas tecnologías ha hecho que los profesionales de la educación se replanteen la pedagogía y el trabajo en el aula. Sí, estoy a favor de este argumento... am... Los profes... Sí, por supuesto. Los profes-los profesores, o los profesionales tienen que am... replantear esta idea. Con tecnología am... se puede explorar *el red, la red, y las posibilidades. ____ pueden compartir información más pronto y mucha más información que antes por correos *o otros medios de comunicación. También con am... con esta am... con tecnología eh... es difícil para los profesores que... am... que seguían enseñando con el uso de una... una... con uso de ah... papeles y bolis. Y... ahora es un nuevo medio y es una oportunidad para, no solo para enseñar pero para ellos también para am... aprender nuevos medios... ____, si en am... si una am... si un estudiante quiere am... si un estudiante pregunta a su profesor en la clase de literatura sobre... sobre Federico Lorca, ____ es una información que el profesor... ____ lo *sé, tampoco lo sabe, ____, en el mismo momento, con... sí, con la disponibilidad de la tecnología la, el profesor puede... ver esa am... buscar esa información por *el internet y puede... contestar la pregunta de... del estudiante. Entonces, la... el trabajo en el aula también ah... también va a cambiar con la tecnología y... y... y también con ah... Porque ah... antes solo... los profesores siempre nos daban ejemplos o contaban... sus experiencias, que *es, que era muy muy buena, pero ahora con... con la tecnología también pueden... los profesores pueden... mostrarnos *los opinio-las opiniones de otra gente sobre el *misma tema-sobre el mismo tema. Y... y también... y también pueden ah... diversificar en am... diversificar... este, en este tema... ____, la nueva tecnología ha... ha... ha aumentado el nivel de la educación. Gracias.

ACTIVIDAD 4

Soluciones: pág. 18
en la Extensión digital

Trate ahora de clasificar los conectores en la siguiente tabla según su función.

por ejemplo	es decir
también	además
o sea	con lo cual
incluso	como
por supuesto	esto es
así	pero
incluso	también
por tanto	porque
aunque	entonces
sin embargo	en resumen
es más	

CONECTORES	EJEMPLOS
Aditivos	
Focalizadores	
Reformuladores	
Contraargumentativos	
Recapitulativos	
Consecutivos	
Justificativos	
De especificación	
De refuerzo	

4.6.3. La Tarea 5 de EIO: cómo se califica

CÓMO SE CALIFICA

La Tarea 5 de la prueba de Expresión e interacción orales la califican expertos en evaluación que utilizan las escalas de calificación estandarizadas del SIELE.

La escala para calificar esta tarea tiene dos categorías: Uso de la lengua y Cumplimiento de la tarea.

En el uso de la lengua se evalúa la manera de expresarse: la cohesión del discurso, la fluidez y pronunciación, la corrección y el alcance.

En el cumplimiento de la tarea se tiene en cuenta si realiza la presentación de manera adecuada y cumple con los puntos de desarrollo de la Tarea 5.

La escala tiene 6 puntos que van de 0 a 5. Puede ver la escala en la página 141.

Soluciones: pág. 18 en la Extensión digital

☙ ※ ACTIVIDAD 1

Escuche la respuesta que dio este candidato a la Opción 1 (relacionada con la opción 1 de la Tarea 4) de la Tarea 5 en la sección "Cómo se califica" de la Extensión digital del manual. Intente buscar en su discurso ejemplos que coincidan con la calificación que le dieron los expertos. Después, puede leer el informe de calificación en la página 18 de las Soluciones que están en la Extensión digital del manual.

Respuesta del usuario

"Las grandes superficies promueven un fuerte consumismo, generando así una constante demanda en la adquisición de productos innecesarios".

Opción 1

Bueno, sí, estoy, estoy totalmente de acuerdo con esta afirmación porque creo que el principal objetivo de estos… de lo que casi podríamos llamar ciudades comerciales, porque o sea han llegado a dimensiones tremendas eh pues eh… El objetivo es justo justo eso: es llenar los ojos del del consumidor con productos que son totalmente innecesarios eh y… llevarlo a pues vaciar totalmente su bolsillo comprando… comprando de manera frenética, todo lo que ve. Es es eh… al final es su su objetivo. El objetivo de de estos centros comercia… comerciales es crear ese ese consumismo.
*Pero pero sí es verdad que si el argumento, la cuestión es totalmente negativa, hay que subrayar que detrás hay un trabajo eh… pues positivo desde el punto de vista de las personas que están detrás, las personas que trabajan. Y estoy hablando de, principalmente del marketing. Todas las personas que gestionan el marketing, la publicidad, la posición de los productos, la posición de las tiendas dentro de, de estas ciudades comerciales es increíble y funciona a la perfección porque, si no, no hubiéramos llegado a esa a esta cantidad de consumismo por parte del de todo el mundo porque al final es un consumismo de de masa. Eh… es un… es el mundo del marketing, en realidad, es un mundo que, que llama mucho la atención porque casi ahora está llegando un momento donde la gente se entera de lo negativo pero el marketing le gana y, y porque son capaces de venderte todo lo que quieren con cualquier tipo de técnica. Las publicidades, por ejemplo, el mundo de la publicidad eso es un mundo eh… fantástico. Son capaces de ponerte una imagen de un… de un perro con cascos inalámbricos eh… y te dicen: "Hasta los perros necesitan estos cascos". Y un consumidor lo mira y dice: "Buah, tienen que ser cómodos", y se lo compran. Y se lo compran porque las publicidades funcionan de maravilla. Parece que no tiene ni pies ni cabeza pero sí que tienen los pies pues ahí, bien firmes y la cabeza ahí, entre, entre los hombros. Y la la… el trabajo del marketing pues también es fantástico a nivel de conectar modas de cebarse de todo lo que produce la red. Es algo positivo desde ese punto de vista, pero negativo desde el punto de vista del consumidor. Estamos llegando a comprar cosas que, totalmente inútiles porque han creado nuevas necesidades. Yo solamente basándome en mi experiencia pues puedo decir que en Madagascar he visto familias sin dinero, pero todas con móvil y esta es un poco creo que la imagen del consumismo de ahora. La capacidad que han creado de de… producir nuevas necesidades, nuevos… nuevas *frenesías por parte del consumidor.*
En conclusión, pues… el consumismo creo que la principal causa del consumismo es la presencia de esto de estas ciudades comerciales y son las principales causas de esta nueva adicción, que es la adicción a la a la compra de productos totalmente inútiles.

Calificación

Uso de la lengua (alcance, cohesión, fluidez y corrección): 5

Su repertorio lingüístico le permite proporcionar todo tipo de información y argumentar sus opiniones sin restringir lo que quiere decir en un discurso preciso, bien estructurado, cohesionado y fluido. Apenas realiza pausas para planificar su discurso ni comete errores.

Cumplimiento: 5

Realiza la presentación de forma adecuada, cumpliendo con todos los puntos de la tarea.

4.6.4. La Tarea 5 de EIO: manos a la obra

Con lo aprendido en este apartado, responda a la Tarea 5 de EIO en la sección "Manos a la obra" de la Extensión digital del manual siguiendo las instrucciones. 🎤

1) Lea las dos opciones y seleccione una. Tiene 30 segundos.

2) Lea las instrucciones y las pautas de la tarea.

3) Prepare su exposición y anote sus ideas. Tenga en cuenta las pautas de la tarea. Tiene 2 minutos.

4) En su exposición, trate todas las pautas de la tarea. Recuerde que debe hablar durante 3 o 4 minutos.

5) Enlace las ideas utilizando conectores y subordinación de oraciones, y emplee un léxico variado y preciso.

6) Cuide su pronunciación.

CONSEJOS PARA PRACTICAR

Lea artículos de opinión o escuche conferencias actuales sobre diversos temas. Si puede, practique la tarea con frases, con opiniones o puntos de vista concretos.

Expresión e interacción orales

| Tarea 1 | Tarea 2 | Tarea 3 | Tarea 4 | Tarea 5 |

Seleccione una de las dos opciones (relacionadas con la opción 1 de la Tarea 4: **Adultos mayores estudian computación**). Después, tiene 2 minutos para preparar una argumentación a favor o en contra de la opción elegida.

 Tiempo para elegir opción: 00:30

"Todo aprendizaje nuevo y moderno permite a las personas mayores acortar la distancia con el mundo actual".

"Las personas mayores tienen mejor calidad de vida si permanecen ajenas al desarrollo tecnológico de nuestra era"

Opción 1

Opción 2

Expresión e interacción orales

| Tarea 1 | Tarea 2 | Tarea 3 | Tarea 4 | Tarea 5 |

Opción 1

"Todo aprendizaje nuevo y moderno permite a las personas mayores acortar la distancia con el mundo actual".

Tiene 2 minutos para preparar una argumentación a favor o en contra de la opción elegida. Si lo desea, puede tomar notas.
No olvide:

- presentar su posición al respecto;
- justificar su posición exponiendo sus argumentos;
- ejemplificar;
- concluir dejando clara su postura.

Grabe su respuesta. La grabación empieza automáticamente. Tiene de 3 a 4 minutos para realizar la tarea.

| Escriba aquí sus notas. NO EVALUABLE

 Grabación automática en: 02:00

Siguiente

4.7. Cómo prepararse para obtener un nivel determinado en la EIO del SIELE

COMPRENDER EL SISTEMA DE CALIFICACIÓN

Si usted se está preparando para obtener un nivel determinado en la prueba de EIO del SIELE, debe tener en cuenta que las bandas más altas son las que se corresponden con el nivel de la tarea y que las categorías están ponderadas. Así, un ejemplo de puntuaciones mínimas para alcanzar cada uno de los niveles podría ser el siguiente:

	Tarea 1		Tarea 2		Tarea 3		Tarea 4		Tarea 5		Total
	UL	CT	UL	CT	UL	CT	UL	CT	UL	CT	
Nivel C1 (215-250)	5	5	5	4	4	4	4	4	4	4	216,6
Nivel B2 (176-214,99)	5	5	5	4	4	4	4	4	0	0	176,6
Nivel B1 (125-175,99)	5	5	4	4	4	3	0	0	0	0	126,6
Nivel A2 (76-124,99)	4	4	4	3	0	0	0	0	0	0	76,6
Nivel A1 (40-75,99)	4	4	0	0	0	0	0	0	0	0	40

4.8. Dé el salto

Ahora que ya conoce y ha practicado todas las tareas de la prueba de Expresión e interacción orales del examen SIELE, compruebe y ponga en práctica lo que ha aprendido.

- Primero, repase cómo son las diferentes tareas de la prueba.
- Después, realice una prueba de Expresión e interacción orales.
- Por último, reflexione sobre cómo la ha hecho y cuáles han sido sus resultados.

REPASE ANTES DE LA PRUEBA

A continuación, tiene las características de las diferentes tareas de la prueba de Expresión e interacción orales y el tiempo para realizarlas. Relacione cada tarea con las características que le corresponden y complete la información sobre el tiempo del que dispone para hablar en cada una de las tareas.

Soluciones: pág. 18 en la Extensión digital

Tarea	¿Qué tengo que hacer?	¿En cuánto tiempo?
Tarea 1	Argumentar a favor o en contra de una idea relacionada con el texto de la Tarea 4.	
Tarea 2	Responder a cuatro preguntas.	15 segundos para cada una de las dos primeras preguntas y 30 segundos para cada una de las dos últimas.
Tarea 3	Responder a tres preguntas relacionadas con un texto.	
Tarea 4	Reproducir dos situaciones simuladas: una del ámbito personal y otra del ámbito público.	
Tarea 5	Describir una fotografía.	

HAGA LA PRUEBA

Ahora va a poder practicar con una prueba completa de Expresión e interacción orales como en el examen. Para ello acceda a la prueba de EIO en la sección "Dé el salto" de la Extensión digital del manual.

RECORDAMOS

▶ Para hacer la prueba de Expresión e interacción orales solo necesita su ordenador o computadora y conexión a internet.

▶ Debe hacer la prueba de sonido y grabación.

▶ Tiene un minuto para elegir la opción de la Tarea 2 y la Tarea 3 que quiere hacer, 30 segundos para la de la Tarea 4 y 45 segundos para la de la Tarea 5.

▶ Una vez comenzada la prueba, no puede parar el tiempo. Los audios de las tareas 1 y 4 se reproducen de forma automática y las grabaciones de todas las tareas se activan de manera automática. La duración de la prueba es de 15 a 20 minutos.

▶ Para terminar la prueba tiene que pasar por todas las tareas. Si no sabe o no quiere hacer alguna de las tareas, pulse el botón **Siguiente** hasta llegar a la pantalla final.

¿CÓMO HA HECHO LA PRUEBA?

Después de hacer la prueba, llega el momento de reflexionar. Piense en cómo ha realizado la prueba y conteste a las preguntas de la tabla. ¿Hay algo que debe mejorar?

Tareas		SÍ	NO
	¿Ha hecho las dos tareas?	SÍ	NO
	¿Recordaba el orden y las características de las tareas?	SÍ	NO
	¿Y las instrucciones de cada una?	SÍ	NO
	¿Entendió las preguntas y los textos de entrada?	SÍ	NO

Expresión e interacción		SÍ	NO
	¿Ha sido capaz de grabar su respuesta en el tiempo establecido?	SÍ	NO
	¿Ha necesitado escuchar las preguntas dos veces?	SÍ	NO
	¿Ha tomado notas durante la preparación?	SÍ	NO
	¿Ha hablado alto y claro y ha cuidado su pronunciación?	SÍ	NO
	¿Ha cumplido con las pautas en las distintas tareas?	SÍ	NO

Tengo que mejorar...

SERVICIO
INTERNACIONAL
DE EVALUACIÓN
DE LA LENGUA
ESPAÑOLA

BLOQUE III
¡ESTAMOS LISTOS!

En este bloque se puede:

▶ **recordar** lo más importante y recibir los últimos consejos;
▶ **practicar** con un examen SIELE Global.

Va a repasar cómo son las **pruebas y tareas** del manual y qué aspectos tiene que tener en cuenta antes de hacer un examen SIELE.

También hay un **modelo de examen** Global.

Este bloque ayuda a repasar la información incluida en el *Manual oficial del SIELE* y comprobar si está listo para hacer el examen.

A. RECUERDE LO MÁS IMPORTANTE

Si va a hacer el examen SIELE tenga en cuenta los siguientes pasos:

ANTES DEL EXAMEN	EL DÍA DEL EXAMEN	DESPUÉS DEL EXAMEN
Inscripción en siele.org y preparación	**Documento de identidad y datos de acceso al examen**	**Certificado en un máximo de 3 semanas**

Para obtener la puntuación adecuada a su nivel en el examen, no olvide tener en cuenta los siguientes aspectos:

Instrucciones

Familiarícese con ellas antes del examen.
En algunas tareas las instrucciones son fijas y se repiten.

Léalas con atención antes de hacer cada tarea.

Tareas

Intente hacer todas las tareas, ya que los errores no restan puntos.

Use el ratón para desplazarse entre las pruebas y dedique un tiempo a la revisión.

Niveles

Recuerde que cada tarea se corresponde con uno o varios niveles de lengua del *MCER*. La dificultad va aumentando a medida que se avanza en las tareas.

Tiempo

Realice una o varias simulaciones de las tareas para ser consciente del tiempo que debe dedicar a cada una de ellas. La gestión del tiempo es fundamental para hacer el examen con éxito.

Preste especial atención en las pruebas de CL y EIE, que no tienen un tiempo asignado a cada tarea, por lo que se debe gestionar y racionalizar teniendo en cuenta el número de tareas y su nivel de dificultad.

Tiempo

Realice la Demo en la sección **¡Estamos listos!** de la Extensión digital del manual.

Durante el examen, tenga en cuenta que para pasar de tarea puede usar el botón **Siguiente**, pero después no puede volver a la tarea anterior. En cambio, en la prueba de EIE, sí hay un botón **Anterior**. Además, en la prueba de EIO hay botones de **Reproducir**, **Grabar** y **Terminar la grabación**.

EN LAS COMPRENSIONES

Tenga en cuenta los distractores. Estos hacen referencia a información que aparece en el texto o audio, por lo que es necesario profundizar en el significado de las opciones.

Fíjese en el orden de la información. Las preguntas siguen el orden de aparición de la información en los textos escritos y orales. Las preguntas de información general pueden aparecer en primer y/o último lugar.

EN LAS EXPRESIONES

Tenga en cuenta las categorías de calificación. Cuide el uso que hace de la lengua: la cohesión, la ortografía, la puntuación, la gramática, el vocabulario, la fluidez y la pronunciación. En la prueba de EIE dispone de un teclado virtual con letras y símbolos propios del español. Asegúrese también de cumplir con la tarea. Para ello siga las instrucciones dadas, el tema propuesto y tenga en cuenta la situación comunicativa y el texto o imagen dado como estímulo, si lo hay.

¡Estamos listos!

Recuerde lo más importante

B. REALICE UN MODELO DEL SIELE EN LA EXTENSIÓN DIGITAL DEL MANUAL

Ahora va a poder practicar con un examen SIELE Global. Para ello acceda a la sección "¡Estamos listos!" de la Extensión digital del manual.

RECORDAMOS

Para hacer el examen **SIELE Global** solo necesita su ordenador o computadora.

▶ Seleccione las respuestas usando el ratón, y no las flechas del teclado, para evitar cambios indeseados.
▶ Debe hacer la prueba de sonido y grabación.
▶ Una vez comenzada cada prueba, no puede parar el tiempo, aunque puede hacer una pausa entre cada una de ellas.
▶ Para terminar las pruebas tiene que pasar por todas las tareas. Si no sabe o no quiere hacer alguna de las tareas, pulse el botón Siguiente hasta llegar a la pantalla final.

Después de hacer el examen SIELE Global, utilice las tablas de autoevaluación para comprobar cómo han sido sus respuestas en las diferentes pruebas.

Aquí tiene las correspondientes a las pruebas de **Comprensión de lectura** y **Comprensión auditiva**. Reflexione sobre cómo ha realizado cada una de las tareas y, después, compruebe sus resultados en el apartado de Soluciones. Tenga en cuenta que estas pruebas cuentan con una evaluación objetiva, por lo que debe fijarse en el número de aciertos y errores para conocer su nota.

COMPRENSIÓN DE LECTURA		
TAREAS		
1. Mensajes y anuncios		
2. Correo electrónico informal		
3. Tres anécdotas y experiencias		
4. Completar dos textos		
5. Completar un texto especializado		

COMPRENSIÓN AUDITIVA		
TAREAS		
1. Conversación informal		
2. Anuncios o noticias		
3. Ocho anécdotas o experiencias		
4. Entrevista		
5. Conferencia en fragmentos		
6. Conferencia o presentación		

¿Cuál ha sido su puntación? _____/250		
ACIERTOS	**CALIFICACIÓN**	**NIVEL**
0 – 4	0 – 32,99	< A1
5 – 9	33 – 65,99	A1
10 – 17	66 – 117,99	A2
18 – 26	118 – 177,99	B1
27 – 32	178 – 216,99	B2
33 – 38	217 – 250	C1

¿Cuál ha sido su puntación? _____/250		
ACIERTOS	**CALIFICACIÓN**	**NIVEL**
0 – 4	0 – 32,99	< A1
5 – 9	33 – 65,99	A1
10 – 17	66 – 111,99	A2
18 – 26	112 – 163,99	B1
27 – 32	164 – 210,99	B2
33 – 38	211 – 250	C1

Aquí tiene las tablas de autoevaluación correspondientes a las pruebas de **Expresión e interacción escritas** y **Expresión e interacción orales**. Estas pruebas cuentan con una evaluación subjetiva, por lo que debe fijarse en las categorías de calificación y los aspectos que estas recogen para hacerse una idea de cuál puede ser su nota.

En el caso de la prueba de **Expresión e interacción escritas**, estas son las categorías:

COHESIÓN ¿Proporciono cohesión a mi texto? ¿Añado elementos para ordenar la información? ¿Cometo errores que afectan a la estructura?

Mi texto...	Los conectores y organizadores que utilizo son...	Mis errores en la organización del texto son...	
son palabras sueltas.	inexistentes.	muchos.	0
son frases sueltas.	pocos (y, pero).	bastantes, algunos en la puntuación.	1
tiene oraciones breves y enlazadas de manera sencilla.	sencillos (y, pero, porque, por eso, que).	algunos, en la unión de frases y la puntuación. Hacen difícil la lectura, aunque se entiende el significado.	2
está organizado, ordenado y enlazado de manera sencilla.	organizadores (primero, luego) y conectores frecuentes (también, además).	algunos, pero normalmente no afectan a la puntuación.	3
es claro, presenta una estructura pensada y las ideas bien organizadas.	organizadores (para empezar, finalmente) y conectores variados (a pesar de, por lo tanto).	esporádicos, pero no afectan a la puntuación.	4
es perfectamente claro, con una buena estructura y con las ideas muy bien organizadas.	organizadores (a modo de conclusión) y conectores bastante variados y complejos (más bien, dicho de otro modo).	inexistentes.	5

Creo que en la Tarea 1 puedo tener una puntuación de ... en cohesión.
Creo que en la Tarea 2 puedo tener una puntuación de ... en cohesión.

CORRECCIÓN ¿Qué nivel demuestro en cuanto a variedad de vocabulario y formas verbales? ¿Cometo errores que afectan al significado?

Mi dominio de la lengua es...	Mis errores en gramática, léxico y ortografía...	
escaso, con apenas estructuras gramaticales o léxico correcto.	son muchos.	0
básico, con estructuras gramaticales muy básicas y sencillas.	son abundantes en las concordancias, las personas del verbo, las formas de presente y hacen difícil la comprensión.	1
elemental, con elementos lingüísticos sencillos.	son abundantes en los verbos ser, estar y haber y las concordancias, aunque se entiende el significado.	2
razonable, con elementos lingüísticos sencillos y estructuras habituales (ser, estar y haber, presentes irregulares, pasados).	son algunos en gramática, léxico u ortografía.	3
bueno, con un buen control gramatical (pasados, perífrasis, subjuntivo) y léxico (temas abstractos).	son esporádicos y solo afectan a elementos complejos o poco frecuentes.	4
consistente, con un nivel de lengua complejo.	son casi inexistentes.	5

Creo que en la Tarea 1 puedo tener una puntuación de ... en corrección.
Creo que en la Tarea 2 puedo tener una puntuación de ... en corrección.

ALCANCE

¿Qué soy capaz de hacer con mi nivel de lengua? ¿Qué tipo de expresiones uso? ¿Utilizo recursos de otras lenguas?

Con mi nivel de lengua...	Al expresarme...	
apenas soy capaz de expresarme.	utilizo solo algunas palabras en español.	0
puedo dar datos personales y hablar de necesidades inmediatas.	empleo recursos de lenguas cercanas.	1
puedo transmitir información básica en situaciones concretas y cotidianas.	lo hago solo sobre temas conocidos, sencillos y habituales.	2
puedo solicitar información, hacer valoraciones, expresar deseos, dar instrucciones y hacer descripciones.	tengo limitaciones: doy rodeos, me repito y cometo errores si me expreso sobre temas complejos y abstractos.	3
puedo explicar los puntos principales de ideas, sintetizar y evaluar información y describir situaciones no habituales.	soy razonablemente preciso e incluyo, a veces, expresiones hechas o coloquiales.	4
puedo describir, narrar y argumentar en todo tipo de situaciones.	empleo recursos ricos, variados y precisos, y soy capaz de utilizar expresiones hechas y coloquiales adecuadamente.	5

Creo que en la Tarea 1 puedo tener una puntuación de ... en alcance.
Creo que en la Tarea 2 puedo tener una puntuación de ... en alcance.

CUMPLIMIENTO DE LA TAREA

¿Con cuántos puntos de las instrucciones cumplo? ¿Tengo en cuenta el material proporcionado? ¿Hablo del tema que se me indica?

TAREA 1

Cumplo con...	Me adecúo...	
ninguno de los puntos.	mal a la situación y al texto de entrada. No hablo del tema de la tarea, sino de uno relacionado.	0
la mitad o menos de los puntos.	mal o limitadamente a la situación y al texto de entrada.	1
algunos puntos, faltan un punto importante y uno menor.	más o menos a la situación, pero puede que no tenga en cuenta el texto de entrada. Hablo de datos irrelevantes.	2
la mayoría de puntos, uno de los importantes lo omito o lo trato con brevedad.	a la situación, pero puede que no responda adecuadamente al texto de entrada.	3
todos los puntos, aunque alguno lo trato con brevedad.	a la situación y, en líneas generales, al texto de entrada.	4
todos los puntos con detalles y ejemplos.	a la situación y al texto de entrada perfectamente.	5

Creo que en la Tarea 1 puedo tener una puntuación de ... en cumplimiento de la tarea.

¡Estamos listos!

Realice un modelo de SIELE en la Extensión digital del manual

Cumplo con...	Me adecúo...	
ninguno de los puntos.	mal a la situación, al texto de entrada y al género.	0
la mitad o menos de los puntos.	mal a la situación, al texto de entrada y al género. Hablo de un tema relacionado.	1
algunos puntos, otros los omito o los trato con brevedad.	vagamente a la situación, al texto de entrada y al género. Hablo de datos irrelevantes.	2
la mayoría de puntos, aunque alguno lo omito o lo trato con brevedad.	a la situación, pero no respondo al texto de entrada o no me ajusto al género.	3
todos los puntos, aunque alguno lo trato con brevedad.	a la situación, al texto de entrada y al género en términos generales.	4
todos los puntos con detalles y ejemplos.	a la situación, al texto de entrada y al género perfectamente.	5

Creo que en la Tarea 2 puedo tener una puntuación de ... en cumplimiento de la tarea.

Es posible seleccionar puntuaciones distintas en las preguntas de cada categoría y dudar de cuál puede ser su puntuación final en cada una.

- Si hay **solo un punto** de separación, piense qué tiene más peso. Por ejemplo, si en la categoría de Corrección su dominio de la lengua es consistente, pero comete algún error esporádico en estructuras muy complejas y poco frecuentes, puede pensar que ha alcanzado la banda 5.

- Si hay **más de un punto** de separación, piense en una banda intermedia. Por ejemplo, si en la categoría de Alcance es capaz de hacer valoraciones, expresar deseos y dar instrucciones, pero en ocasiones utiliza recursos de lenguas cercanas, piense que ha alcanzado la banda 2.

La calificación que usted calcule ahora puede ser similar o no a aquella que los expertos en evaluación pueden dar a su tarea. Puede consultar las escalas completas que emplean los calificadores de SIELE en el apartado final del manual, páginas 138-142.

En el caso de la prueba de **Expresión e interacción orales**, estas son las categorías:

USO DE LA LENGUA	¿Mi discurso es comprensible? ¿El tiempo dedicado ha sido el correcto? ¿Qué nivel demuestro en cuanto a variedad de vocabulario, enunciados y oraciones? ¿Cometo errores que afectan a la estructura o al significado?

TAREAS 1, 2 Y 3

Mi nivel de lengua me permite...	Mi discurso...	Las pausas que hago son...	Cometo errores...	
utilizar palabras sueltas, en ocasiones en otro idioma.	apenas se comprende.	silencios prolongados.	casi continuamente.	0
usar palabras, enunciados breves o modelos de oraciones.	se comprende con esfuerzo, no utilizo apenas elementos para enlazar las frases.	muy frecuentes.	de manera muy frecuente.	1
expresarme de forma limitada.	se comprende a veces con dificultad, no relaciono las partes entre sí.	frecuentes.	de manera frecuente.	2
desenvolverme en las situaciones de forma sencilla.	se comprende, pero solo uso elementos de enlace sencillos.	al usar estructuras habituales.	al usar estructuras habituales.	3
desenvolverme con cierta precisión.	es claro y coherente.	al usar palabras o estructuras complejas.	al usar palabras o estructuras complejas.	4
desenvolverme con precisión y no restringir lo que quiero decir.	está bien cohesionado.	muy escasas, mi discurso es fluido.	escasas veces.	5

Creo que en la Tarea 1 puedo tener un ... en uso de la lengua.
Creo que en la Tarea 2 puedo tener un ... en uso de la lengua.
Creo que en la Tarea 3 puedo tener un ... en uso de la lengua.

Mi nivel de lengua me permite...	Mi discurso...	Las pausas que hago son...	Cometo errores...	
repetir las preguntas o el enunciado de la tarea, o usar palabras sueltas, en ocasiones en otro idioma.	apenas se comprende.	silencios prolongados.	casi continuamente.	0
expresarme con palabras sueltas, enunciados breves o modelos de oraciones. Puedo expresarme mejor si hablo de otro tema.	se comprende con esfuerzo.	constantes.	constantemente.	1
usar correctamente algunas estructuras habituales y palabras sencillas. Puedo expresarme mejor si hablo poco o de otro tema.	se comprende con dificultad, uso muy pocos conectores.	frecuentes.	básicos de manera frecuente.	2
usar estructuras habituales y palabras sencillas. Puedo expresarme mejor si hablo poco.	se comprende, pero solo uso elementos de cohesión frecuentes.	para planificar lo que quiero decir.	pero se me entiende.	3
aportar información, expresar mis opiniones y defenderlas.	es claro y coherente.	al usar palabras y estructuras complejas o hablar de temas poco habituales.	al usar palabras y estructuras complejas o hablar de temas poco habituales.	4
dar información de todo tipo y argumentar mis opiniones sin restringir lo que quiero decir.	está bien estructurado y cohesionado.	muy escasas.	escasas veces.	5

Creo que en la Tarea 4 puedo tener un ... en uso de la lengua.
Creo que en la Tarea 5 puedo tener un ... en uso de la lengua.

¿A cuántas preguntas respondo? ¿Con cuántos puntos cumplo? ¿Hablo del tema que se me indica?

TAREAS 1	TAREAS 2	TAREAS 3	TAREAS 4	TAREAS 5

Respondo adecuadamente a...		Cumplo con...		Cumplo con...		Respondo adecuadamente a...		Cumplo con...	
ninguna pregunta.	0	ningún punto y no soy capaz de hablar de la foto.	0	ningún punto.	0	ninguna pregunta y no soy capaz de hablar del tema de la tarea.	0	ningún punto porque no sé contestar a la tarea.	0
una pregunta.	1	ningún punto, pero hablo de la foto.	1	uno de los puntos de una situación.	1	ninguna pregunta, pero hablo del tema de la tarea.	1	ningún punto, pero hablo de un tema relacionado.	1
dos preguntas.	2	uno o dos puntos.	2	uno de los puntos de cada situación.	2	una pregunta.	2	ningún punto, pero hablo del tema de la tarea.	2
tres preguntas.	3	tres puntos.	3	una situación completa o dos de los puntos de ambas.	3	dos preguntas.	3	un punto, sin justificar mi posición.	3
todas las preguntas con poco detalle.	4	cuatro puntos.	4	todos los puntos menos uno.	4	todas las preguntas de forma parcial.	4	dos puntos, sin ejemplos ni conclusión.	4
todas las preguntas.	5	todos los puntos.	5	todos los puntos.	5	todas las preguntas.	5	todos los puntos.	5

Creo que en la Tarea 1 puedo tener un ... en cumplimiento de la tarea.
Creo que en la Tarea 2 puedo tener un ... en cumplimiento de la tarea.
Creo que en la Tarea 3 puedo tener un ... en cumplimiento de la tarea.
Creo que en la Tarea 4 puedo tener un ... en cumplimiento de la tarea.
Creo que en la Tarea 5 puedo tener un ... en cumplimiento de la tarea.

Es posible seleccionar puntuaciones distintas en las preguntas de cada categoría y dudar de cuál puede ser su puntuación final en cada uno de ellos.

- Si solo hay **un punto** de separación, piense qué tiene más peso. Por ejemplo, si en la categoría de Uso de la lengua de la Tarea 1 su discurso es fluido y sin errores, pero en un momento dado restringe lo que quiere decir o da un rodeo por no conocer una palabra compleja y poco frecuente, puede pensar que ha alcanzado la banda 5.

- Si hay **más de un punto** de separación, piense en una banda intermedia. Por ejemplo, si en la categoría de Uso de la lengua de la Tarea 5 su nivel de lengua le permite dar información, expresar opiniones y defenderlas en un discurso coherente, pero hace pausas bastante frecuentes, piense que ha alcanzado la banda 3.

Recuerde que la calificación que usted calcule ahora puede ser similar o no a aquella que los expertos en evaluación pueden dar a su tarea. Puede consultar las escalas completas que emplean los calificadores de SIELE en el apartado final del manual, páginas 138-142.

SERVICIO
INTERNACIONAL
DE EVALUACIÓN
DE LA LENGUA
ESPAÑOLA

siele.org
#hablamosespañol

ESCALAS DE CALIFICACIÓN

Expresión e interacción escritas

BANDA	COHESIÓN
5	Produce un texto claro, coherente y muy bien estructurado, en el que demuestra un uso bastante completo y variado de estructuras organizativas, de una amplia serie de conectores para marcar la continuidad o los cambios de tema, y de otros mecanismos de cohesión (subordinadas sustantivas, adjetivas y adverbiales; recursos de referencia como deícticos...). Utiliza correctamente las reglas de puntuación.
4	Produce un texto claro, coherente y estructurado. Para enlazar las frases hace un uso relativamente variado de mecanismos de cohesión, como conectores (*a pesar de, por lo tanto, no solo... sino también*), organizadores de la información (*para empezar, finalmente, por otra parte, en cuanto a*), recursos de referencia (marcadores, deícticos, etc.) y la subordinación de oraciones. No obstante, puede haber algún error esporádico en las referencias y los conectores o poca claridad en una frase o en la relación entre dos frases o partes del texto. Utiliza correctamente las reglas básicas de puntuación.
3	Escribe textos cohesionados, ordenados mediante una secuencia lineal de elementos sencillos, utilizando organizadores de la información (*primero, luego, después*), conectores frecuentes (*también, entonces, porque, así que, además, aunque, sin embargo...*), relativos (*donde, cuando...*), subordinadas sustantivas (*creo que...*), aunque el texto puede presentar alguna deficiencia o limitación en la relación entre sus partes o en el uso de mecanismos de cohesión. Utiliza correctamente las reglas básicas de puntuación.
2	Escribe textos básicos con oraciones breves enlazadas mediante recursos algo limitados: conectores sencillos (*y, pero, porque, por eso...*), relativos (*que*), pronombres... Pueden producirse errores (uso indebido de elementos de referencia, elección indebida de deícticos, falta de organización del texto) y fallos o imprecisiones en la puntuación que dificulten la lectura, aunque no afectan al significado.
1	Escribe una serie de frases sencillas o grupos de palabras enlazados con conectores muy básicos (*y, pero*). El discurso no mantiene una estructura organizada y la información aparece desordenada. Hay errores de puntuación.
0	No elabora frases completas. Escribe palabras sueltas sin coherencia entre ellas.

BANDA	CORRECCIÓN
5	Muestra un consistente dominio de un nivel de lengua complejo, casi sin errores de léxico, gramática u ortografía.
4	Mantiene un buen control gramatical (uso de los pasados, perífrasis verbales, subordinadas con subjuntivo, uso de los comparativos...) y léxico, aunque todavía puede cometer algunos fallos en la estructura de oraciones largas o complejas (sentimientos, temas abstractos...) o en el vocabulario específico o menos frecuente. La ortografía es razonablemente correcta, pero puede cometer algún error en los acentos y en el léxico menos habitual.
3	Muestra un control razonable de elementos lingüísticos sencillos y estructuras habituales (distinción *ser* y *estar* en sus usos más comunes, imperativo, presentes irregulares, uso básico de los pasados, uso de las perífrasis verbales más frecuentes...) en temas predecibles y generales, pero comete errores gramaticales, léxicos y/u ortográficos.
2	Muestra un control elemental de elementos lingüísticos sencillos, pero sistemáticamente comete errores básicos de gramática (*ser/estar/haber*, formas de los tiempos verbales regulares e irregulares, pronombres, concordancias de sujeto-verbo o nombre-adyacentes...), de léxico y de ortografía, aunque se entiende lo que quiere transmitir.
1	Utiliza estructuras gramaticales muy básicas y sencillas relacionadas con necesidades básicas inmediatas. Comete abundantes errores gramaticales (concordancias, personas del verbo, formas del presente...), léxicos y ortográficos, lo que dificulta la comprensión del mensaje.
0	Apenas utiliza estructuras gramaticales y sintácticas o léxico correctos.

BANDA	ALCANCE
5	Describe, narra o argumenta en todo tipo de situaciones, sin tener que restringir lo que quiere decir; es capaz de detallar y concretar los temas de los que trata, aunque sean abstractos; y sabe defender sus puntos de vista con argumentos y ejemplos, así como elaborar conclusiones. Sus textos son claros, ricos y precisos, tienen un estilo personal, apropiado para el lector al que van dirigidos, y pueden incluir expresiones idiomáticas y coloquiales en el contexto adecuado.
4	Es capaz de explicar los puntos principales de una idea o un problema, de expresar sentimientos y pensamientos sobre temas complejos o abstractos, de sintetizar y evaluar información y argumentos, y de describir situaciones no habituales. Se expresa de forma sencilla pero razonablemente precisa, para lo que puede incluir algunas expresiones idiomáticas y coloquiales.
3	Es capaz de solicitar información, hacer valoraciones, expresar deseos, dar instrucciones, hacer descripciones sencillas pero adecuadas de temas cotidianos, hechos y viajes, o narrar historias. La falta de especificidad y los circunloquios muestran sus limitaciones, y puede cometer imprecisiones, repeticiones o errores si se expresa sobre temas complejos o abstractos.
2	Es capaz de transmitir información básica en situaciones concretas y cotidianas (dar información personal, hablar de aspectos del entorno más cercano, etc.) y expresarse sobre temas conocidos, sencillos y habituales (describir de forma breve y básica acciones, experiencias personales o situaciones frecuentes, solicitar información puntual, etc.).
1	Su nivel de dominio se limita a los datos personales y las necesidades inmediatas, aunque puede que cumpla otras funciones comunicativas utilizando recursos de lenguas cercanas.
0	Utiliza algunas palabras en español, pero es prácticamente incapaz de expresarse.

BANDA	CUMPLIMIENTO DE LA TAREA 1
5	Responde exactamente la tarea, elaborando un texto que proporciona detalles y ejemplos sobre los puntos que se le plantean. Se adecúa a la situación planteada y al estímulo que se le proporciona.
4	La respuesta corresponde adecuadamente a la tarea: aporta la información requerida y en algún momento proporciona cierto grado de detalle, aunque puede que falte alguno de los puntos menores (encabezamiento, despedida) o que trate con brevedad alguno de los puntos relevantes. Se adecúa a la situación planteada y, en líneas generales, al estímulo que se le proporciona.
3	Resuelve la tarea: aporta la información requerida de forma sencilla, aunque puede que omita o cumpla mínimamente con uno de los puntos importantes. Se adecúa a la situación planteada, pero puede que no responda apropiadamente al estímulo que se le proporciona.
2	Proporciona parte de la información requerida para el propósito de la tarea: puede que falten, además de uno de los puntos importantes, uno menor (encabezamiento, despedida) o algún subpunto, y que haya datos irrelevantes o redundancias. Se adecúa solo relativamente a la situación planteada y puede que no tenga en cuenta el estímulo proporcionado.
1	La tarea está incompleta: falta bastante información (la mitad o más de la mitad de los puntos relevantes). No se adecúa a la situación planteada, o lo hace de una forma limitada, ni tiene en cuenta el estímulo que se le proporciona.
0	Aunque puede que su texto esté relacionado con el tema de la tarea, no transmite la información que se le pide ni elabora un texto coherente o comprensible.

BANDA	CUMPLIMIENTO DE LA TAREA 2
5	Responde exactamente a la tarea con un texto que proporciona detalles y ejemplos para defender sus argumentos o exponer los puntos que debe tratar. Se adecúa perfectamente a la situación planteada y al estímulo que se le proporciona, y se ajusta al género requerido.
4	La respuesta corresponde adecuadamente a la tarea, aportando la información y los argumentos necesarios, aunque puede que trate con brevedad alguno de los puntos planteados. En líneas generales, se adecúa a la situación planteada, al estímulo que se le proporciona y al género requerido.
3	Resuelve la tarea de forma sencilla: aporta la información requerida aunque puede que omita alguno de los puntos o que no los trate con suficiente detalle. Se adecúa a la situación, aunque es posible que no responda al estímulo proporcionado o que su texto no se ajuste exactamente al género requerido.
2	La tarea está incompleta: falta alguno de los puntos requeridos, los trata con excesiva brevedad o con falta de concreción y puede que haya datos irrelevantes y redundancias. No se adecúa con claridad a la situación planteada, no responde al estímulo que se le proporciona y no se ajusta al género requerido.
1	Su texto está lejos de cumplir con el propósito planteado, aunque está relacionado con el tema de la tarea. Le falta la mitad o más de la mitad de los puntos requeridos. No se adecúa a la situación planteada, no tiene en cuenta el estímulo que se le proporciona y no se ajusta al género requerido.
0	No responde adecuadamente a ninguno de los puntos de la tarea ni elabora un texto coherente o comprensible.

Expresión e interacción orales

BANDA	USO DE LA LENGUA PARA LAS TAREAS 1, 2 Y 3
5	Utiliza un nivel de lengua adecuado a la tarea y preciso, en el que no tiene que restringir lo que quiere decir. No comete apenas ningún error y mantiene un discurso fluido y cohesionado si la tarea lo propicia.
4	Su repertorio lingüístico le permite desenvolverse con cierto grado de precisión, manteniendo un discurso claro y coherente si la tarea lo propicia. Comete algún error y realiza pausas, principalmente cuando utiliza léxico o estructuras más complejos.
3	Su repertorio lingüístico le permite desenvolverse en las situaciones planteadas. Utiliza solo elementos de cohesión sencillos, comete errores y realiza algunas pausas, que no dificultan la comprensión.
2	Su repertorio lingüístico es sencillo y le permite expresarse de forma limitada: no relaciona las partes entre sí (en las respuestas extensas), comete errores básicos de forma sistemática y realiza pausas frecuentes, lo que puede dificultar la comprensión.
1	Se expresa mediante palabras, enunciados breves o modelos de oraciones, con escasos elementos de enlace (en las tareas en las que serían convenientes). Sus errores y pausas hacen que se requiera esfuerzo para comprender sus respuestas.
0	Solo articula, entre silencios prolongados, palabras sueltas que apenas son comprensibles o que en un alto porcentaje pertenecen a otras lenguas.

BANDA	USO DE LA LENGUA DE LAS TAREAS 4 Y 5
5	Su repertorio lingüístico le permite proporcionar todo tipo de información y argumentar sus opiniones sin restringir lo que quiere decir en un discurso preciso, bien estructurado, cohesionado y fluido. Apenas realiza pausas para planificar su discurso y casi no comete errores.
4	Su repertorio lingüístico le permite aportar información, expresar sus opiniones y defenderlas en un discurso claro y coherente. Realiza pausas y comete algún error, principalmente cuando utiliza estructuras y léxico más complejos o trata aspectos menos habituales de los temas planteados.
3	Domina solo estructuras habituales y vocabulario sencillo del tema de las tareas, lo que hace que se exprese dubitativamente y con circunloquios. Incluye en su discurso elementos de cohesión de uso frecuente, hace pausas para planificar lo que quiere decir y comete errores que no dificultan la comprensión. Puede que su discurso sea más fluido, claro y coherente si su intervención es breve.
2	Utiliza correctamente algunas estructuras habituales y léxico sencillo del tema de las tareas en enunciados apenas enlazados entre sí. Comete errores básicos de forma sistemática y hace pausas frecuentes, lo que puede dificultar la comprensión en algún momento. Puede hablar con mayor cohesión, corrección y fluidez si se refiere a un tema distinto al de las preguntas/el enunciado o si su discurso es marcadamente breve.
1	Se expresa mediante palabras, enunciados breves o modelos de oraciones. Sus errores y pausas constantes hacen que se requiera cierto esfuerzo para comprender lo que dice. Puede llegar a utilizar correctamente estructuras habituales y léxico sencillo en enunciados más extensos si se refiere a un tema distinto al de las preguntas/el enunciado.
0	Se limita a repetir las preguntas/el enunciado de la tarea o a articular, entre silencios prolongados, palabras sueltas que apenas son comprensibles y que en un alto porcentaje pertenecen a otras lenguas.

Escalas de calificación